작품으로 공부하는 일본어 강독

전성용 저

제이앤씨

머리말

일본어 강독을 공부하는데 있어 재미있고 감동 깊은 일본어 작품(시와 단편소설)들을 통해서 일본어를 공부할 수 없을까? 하는 생각으로 책을 집필하게 되었다. 여기에 수록된 여섯 편의 단편소설과 한 편의 시는 필자가 좋아하는 작가의 작품 중에서 필자 나름대로 재미도 있으며 또 읽는 이 들에게 감동을 줄 수 있다고 생각했기에 선별하였다.

각과의 구성은 본문(시와 단편소설)과, 본문에 의거한 연습문제와 문형연습, 그리고 본문의 내용 확인의 네 부분으로 되어있다.

연습문제를 통하여 본문에서 쓰여진 조사의 연습과 본문에서 언급된 문법적인 사항을 이해·정리하게 하였으며, 문형연습을 통해서는 본문에 쓰여진 일본어의 문형을 보면서 학습자가 직접 같은 문형을 작문해 보게 하였고, 그리고 본문에 쓰여진 내용을 질문함으로서 학습자가 얼마나 본문의 내용을 이해하고 있는가를 확인할 수 있게 하였다.

여러모로 부족한 것 많으리라 생각되지만, 필자 나름대로는 심혈을 기울였기에 일본어 학습자들에게 조금이나마 도움이 되었으면 하는 바램뿐이다.

마지막으로 여기까지 인도해 주신 하나님의 은혜에 감사 드리며, 출판사 제이앤씨 관계자 여러분께도 감사드린다.

2004년 11월 22일

깊어가는 가을에 우암산 기슭에서

목 차

1。序 詩

死ぬ 日まで 空を 仰ぎ
一点の 恥辱(はじ)なき ことを
葉あいに そよぐ 風にも
わたしは 心痛んだ。
星を うたう 心で
生きと し 生ける ものを いとおしまねば
そして 私に 与えられた 道を
歩みゆかねば。
今宵も 星が 風に 吹き晒(さ)らされる。

尹東柱(茨木のり子 역)
– 筑摩書房刊『新編現代文』(文部省検定済教科書)에서 –

어휘 및 漢字《かんじ》

空《そら》	仰《あお》ぐ	一点《いってん》	恥辱(はじ)	葉《は》あい
そよぐ	風《かぜ》	心痛《こころいた》む	星《ほし》	うたう
心《こころ》	生《い》きる	生《い》ける	もの	いとおしむ
~ねば	そして	与《あた》える	道《みち》	歩《あゆ》みゆく
今宵《こよい》	吹《ふ》き晒《さら》す			

연습문제 1

※ **다음 문장의 ○ 안에 ひらがな 1字씩 넣어 문장을 완성시키세요.**

① 空○ 仰ぐ。

② 私○ 与えられた 道。

③ 星が 風○ 吹き晒(さ)らされる。

문형연습 1

※ 다음과 같은 문형의 문장을 만들어 보세요.

1。~を せねば(~を しなければ)。

私に 与えられた 道を 歩みゆかねば。

①

②

③

2。~が(は) ~に ~される。

星が 風に 吹きさらされる。

①

②

③

본문의 내용 확인 1

※ 본문의 내용에 의거하여 다음 질문에 대해 일본어로 답하세요.

① 詩人は 何にも 心が 痛むと 言って いますか。

→

② 詩人は 何を いとおしまなければと 言って いますか。

→

③ 詩人は どのような 道を 歩む つもりですか。

→

2。かきどろぼう

闇夜に、二人の 若い 男が こそこそ 話して います。

「今夜は、真っ暗闇だから、隣りの 柿を ぬすもうじゃ ないか。」

「うん、それじゃあ、おれが 木に 登って、ぼうで たたきおとすから、お前は、下で 拾って くれ。」

相談が まとまると、早速 一人の 男が 木に 登り、ぼうで たたきますと、

柿は ごろごろ 落ちて きます。

下で 拾う 役の 男は、あわてて 拾いはじめましたが、あんまり あわてたので、

深い どぶの 中に 落ちて しまい、上がれません。

「おーい、落ちた 落ちた。」

どぶに 落ちた 男が さわぐと、

「落ちる はずだよ。たたいて いるんだから……。」

「いやいや、落ちた 落ちた。」

「当たり前だ。はやく 拾え。」

「違う、どぶに 落ちたんだ。」

すると、木の 上の 男、

「どぶに 落ちたのは、捨てて おけ。」

(さとうわきこ의『小さなわらいばなし』중에서)

어휘 및 漢字《かんじ》

闇夜《やみよ》	若《わか》い	こそこそ	今夜《こんや》	真《ま》っ暗闇《くらやみ》	
隣《とな》り	柿《かき》	ぬすむ	おれ	登《のぼ》る	
ぼう	たたきおとす	お前《まえ》	拾《ひろ》う	相談《そうだん》	
まとまる	早速《さっそく》	ごろごろ	落《お》ちる	役《やく》	
あわてる	あんまり	深《ふか》い	どぶ	上《あ》がる	
さわぐ	はず	いやいや	当《あ》たり前《まえ》	違《ちが》う	捨《す》てる

연습문제 2

※ 다음 문장의 ○ 안에 ひらがな 1字씩 넣어 문장을 완성시키세요.

① 今夜は 真っ暗闇○○○、隣り○ 柿○ ぬすもう。

② 一人○ 男が 木○ 登り、ぼう○ たたきます。

③ 下○ 拾う 役○ 男は あわてて 拾いはじめました。

④ あんまり あわてた○○、深い どぶ○ 中○ 落ち○ しまいました。

⑤ どぶ○ 落ちた 男が さわぎます。

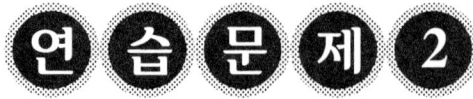

문형연습 2

※ 다음과 같은 문형의 문장을 만들어 보세요.

1。～(だ)から、～しようじゃないか。

今夜は、真っ暗闇だから、隣りの 柿を ぬすもうじゃ ないか。

①

②

③

2。～するから、～しろ。

おれが 木に 登って、ぼうで たたきおとすから、お前は 下で 拾ってくれ。

①

②

③

3。～すると、～します。

木に 登り、ぼうで たたきますと、柿は ごろごろ 落ちて きます。

①

②

③

4。～したが、～したので、～しました。

柿を 拾いましたが、あわてたので、どぶの 中に 落ちて しまいました。

①

②

③

본문의 내용 확인 2

※ 본문의 내용에 의거하여 다음 질문에 대해 일본어로 답하세요.

① 二人の 男は 何を 話し合いましたか。

→

② 相談が まとまると、一人の 男は 木に 登って どのように しましたか。

→

③ 木の 下で 拾う 役の 男は あわてたので、どこに 落ちましたか。

→

④ 木の 下で 拾う 役の 男が どぶの 中の 落ちたと 言ったら、
木に 登った 男は 何と 言いましたか。

→

메모노트

3。ねらわれた星

「こんどは、あの 星の 連中を やっつけて 楽しもうぜ」

金属質の ウロコで 全身を おおわれた 生物は、彼らの 宇宙船の なかで、仲間に こう 言った。

「よかろう」

ほかの 連中も ウロコを 逆立て、からだを くねらせながら、うれしそうに 応じた。その 指さす ところには、月を ひとつ 持った 緑の 遊星が ある。

「どうだい、ようすは」

彼らは 高性能の 望遠鏡を あやつって、その 星の 上を のぞいて みた。

「やあ、いるぞ、いるぞ。二本 足を 使って ぞろぞろ 動きまわって いるぞ。ところで、こんどは どういう 方法で やっつける ことに するか」

「そうだな。熱線で 焼き払うのは やった ことが あるし、このあいだの 星では、気ちがいガスを 吸わせて、おたがいに 殺しあわせる 手を 使って しまった。なにか もっと 刺激的な やっつけ方は ない ものかな」

「ああ、すごい やつでな……」

彼らは 攻撃方法を 相談しあった。その うちの 一人が 小型の 宇宙艇に 乗って、地上に むかって いった。数時間ほどして 戻り、報告が なされた。

「いって きました」

「ごくろう。うまく いったか」

「一匹 つかまえて、その 皮を はいで きました」

「そうとう 暴れたろう」

「もちろんですよ。ものすごい 悲鳴を あげての 抵抗でした。だが、われわれの ほうが 力は 強い。それにしても、この 星の やつら、なかなか 死にませんね。皮を はいでも、まだ 動きまわって……」

「そいつは 面白かったろうな。ところで、これから どうする」
「いま、皮を 研究班に 渡して きました。それを とかす ビールスを 作らせて います」
「それは いい。やつらの 皮膚が ビールスに おかされ、どろどろに とけるのを、われわれは ここから 見物できる わけだな。早く 見たい ものだ」
彼らは 期待で わくわく しながら 待った。そのうち 研究班が 完成を 知らせに来る。
「できました」
「よし、さっそく ばらまこう」
彼らの 宇宙船は その 星を 一周し、ビールスを まんべんなく、まきちらした。
「さあ、もう すぐ、やつらの のたうち回って 苦しむ ところが 見られるぞ」
「そら、効いて きた」
しかし、彼らは 不満げな 声で 話しあった。
「おかしいぞ。やつらは あわてて いるが、だれも 死なないじゃ ないか。死なないどころか、なかには むしろ 喜んで いる やつも いる ようだ」
「変ですね。なんだか 薄気味 わるく なって きた。もう やめて 引きあげましょう」
「ああ、べつの 星に いこう」
彼らの 去って ゆく 星、地球上では、その 頃 しかつめらしい 顔の 学者たちが、だれも かれもが 突然 はだかに なった 現象を 解決すべく、調査に とりかかりはじめて いた。

(星 新一의『ボッコちゃん』중에서)

어휘 및 漢字《かんじ》

星《ほし》	連中《れんちゅう》	やっつける	楽《たの》しむ	金属質《きんぞくしつ》
ウロコ	全身《ぜんしん》	おおう	生物《せいぶつ》	宇宙船《うちゅうせん》
仲間《なかま》	逆立《さかだ》つ	くねらす	応《おう》じる	指《ゆび》さす
緑《みどり》	遊星《ゆうせい》	ようす	高性能《こうせいのう》	望遠鏡《ぼうえんきょう》
あやつる	のぞく	使《つか》う	ぞろぞろ	動《うご》きまわる
方法《ほうほう》	熱線《ねっせん》	焼《や》き払《はら》う	気違《きちが》い	ガス
吸《す》う	おたがい	殺《ころ》しあわせる	刺激的《しげきてき》	攻撃方法《こうげきほうほう》
小型《こがた》	宇宙艇《うちゅうてい》	乗《の》る	地上《ちじょう》	数時間《すうじかん》
戻《もど》る	報告《ほうこく》	うまい	つかまえる	皮《かわ》
はぐ	そうとう	暴《あば》れる	悲鳴《ひめい》	抵抗《ていこう》
研究班《けんきゅうはん》	とかす	ビールス	皮膚《ひふ》	おかす
どろどろ	とける	見物《けんぶつ》	期待《きたい》	わくわく
完成《かんせい》	知《し》らせ	ばらまく	一周《いっしゅう》	まんべん
まきちらす	のたうち回《まわ》る	苦《くる》しむ	効《き》く	不満《ふまん》げ
声《こえ》	喜《よろこ》ぶ	薄気味《うすきみ》	やめる	引《ひ》きあげる
地球上《ちきゅうじょう》	頃《ころ》	しかつめらしい	学者《がくしゃ》	突然《とつぜん》
はだか	現象《げんしょう》	解決《かいけつ》	調査《ちょうさ》	とりかかる

연습문제 3

※ 다음 문장의 ○ 안에 ひらがな 1字씩 넣어 문장을 완성시키세요.

① 金属質○ ウロコ○ 全身○ おおわれた 生物は、宇宙船○ なか○ 仲間○ 言った。

② その 指さす ところ○○ 月○ ひとつ 持った 緑○ 遊星○ ある。

③ 彼らは 高性能○ 望遠鏡○ あやつって、その 星○ 上○ のぞいて みた。

④ 熱線○ 焼き払う。

⑤ この あいだ○ 星○○ 気ちがいガス○ 吸わせて、おたがい○ 殺しあわせる 手○ 使って しまった。

⑥ その うち○ 一人が 小型○ 宇宙艇○ 乗って、地上○ むかって いった。

⑦ 彼らは 期待○ わくわく し○○○ 待った。

⑧ 研究班が 完成○ 知らせ○ 来た。

⑨ 彼らは 不満げ○ 声○ 話しあった。

⑩ 学者たちが 突然 はだかに なった 現象○ 解決する ため○、調査○ とりかかった。

연습문제 4

※ 다음 ①~⑩의 문장 안의 [れる][られる]는 보기 A~D의 어느 것과 같은 의미인지, (　)안에 A, B, C, D 로 답하세요. 그러나 A~D 어느 것과도 같지 않는 것은 (　)안에 ×로 표하세요.

【보기】

A。先生は きれいな 発音で 話さ**れる**。
B。秋に なると 別れた 友人の ことが 思い出さ**れる**。
C。もう すぐ やつらの のたうち回って 苦しむ ところが 見**られる**ぞ。
D。毎日 三十冊もの 本が 出版さ**れる** そうだ。

① 私は 手のひらから こぼ**れる** 砂を じっと 見つめて いた。(　)

② 十二時に 寝れば 六時には 起き**られる**よ。(　)

③ こんな ことでは、これからの 日本での 生活が 案じ**られる**なあ。(　)

④ 駅前に 時計塔が 建て**られる** ことに なった。(　)

⑤ 無事に 合格さ**れる** ことを 祈って います。(　)

⑥ わか**れる** ことは つらいけど、ぼくは 泣かない。(　)

⑦ 入学式に 大使も 来**られる** そうだ。(　)

⑧ この 天気なら、雨に 降**られる** ことは ないだろう。(　)

⑨ 朝晩は まだ はだざむさが 感じ**られる**。(　)

⑩ はじめは いやでしたが、ちかごろは さしみが 食べ**られる** ように なった。(　)

문형연습 3

※ 다음과 같은 문형의 문장을 만들어 보세요.

1。~は ~で ~に ~した。

彼らは 宇宙船の なかで 仲間に 言った。

①

②

③

2。~しながら ~した。

からだを くねらせながら、うれしそうに 応じた。

①

②

③

3。～には ～が ある。

その 指さす ところには 緑の 遊星が ある。

①

②

③

4。～して、～した。

彼らは 望遠鏡を あやつって、星を のぞいて みた。

①

②

③

본문의 내용 확인 3

※ 본문의 내용에 의거하여 다음 질문에 대해 일본어로 답하세요.

① ウロコで おおわれた 生物が 今回 たずねた 星は どこですか。

→

② 彼らが 今まで 他の 星人 やっつける ために 使った 方法は 何でしたか。

→

③ 彼らが 今度 地球人を やっつける ために 使った 方法は 何でしたか。

→

④ 彼らは ビールスを 開発する ために どう しましたか。

→

⑤ 彼らが 皮を むいても 地球人は なぜ 死ななかったんですか。

→

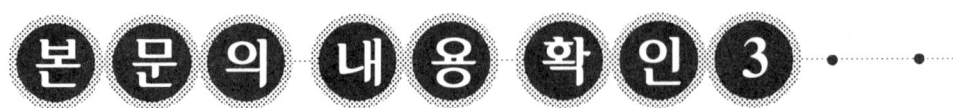

4。一杯のかけそば

(この 物語は 今から 十五年ほど 前の 十二月 三十一日 札幌の 街に ある そば屋「北海亭(ほっかいてい)」での 出来事から はじまる。)

そば屋に とって いちばんの かき入れどきは 大晦日で ある。
北海亭も この 日ばかりは 朝から てんてこまいの 忙しさだった。
いつもは 夜の 十二時すぎまで にぎやかな 表通りだが、夕方に なるに つれ、家路に つく 人々の 足も はやく なり、十時を まわると 北海亭の 客足も ぱったりと 止まる。
ころあいを 見計らって、人は いいのだが 無愛想な 主人に かわって、常連客から 女将(おかみ)さんと 呼ばれて いる その 妻は、忙しかった 一日を ねぎらう 大入袋と 土産の そばを 持たせて パートタイムの 従業員を 帰した。
最後の 客が 店を 出た ところで、そろそろ 表の 暖簾を 下げようかと 話を して いた とき、入口の 戸が ガラガラガラと 力なく 開いて、二人の 子どもを 連れた 女性が 入って きた。六歳と 十歳くらいの 男の 子は、真新しい 揃いの トレーニングウェア姿で、女性は 季節はずれの チェックの 半コートを 着て いた。
「いらっしゃいませ!」
と 迎える 女将に、その 女性は おずおずと 言った。
「あのー…… かけそば…… 一人前なのですが…… よろしいでしょうか」
後ろでは、二人の 子どもたちが 心配顔で 見上げて いる。
「えっ…… えぇ どうぞ。どうぞ こちらへ」
暖房に 近い 二番テーブルへ 案内しながら、カウンターの 奥に 向かって、
「かけ一丁!」
と 声を かける。それを 受けた 主人は、チラリと 三人連れに 目を やりながら、

「あいよっ! かけ一丁!」
と こたえ、玉そば 一個と、さらに 半個を 加えて ゆでる。
玉そば 一個で 一人前の 量で ある。客と 妻に 悟られぬ サービスで、大盛りの 分量の そばが ゆであがる。
テーブルに 出された 一杯の かけそばを 囲んで、額を 寄せあって 食べて いる 三人の 話し声が、カウンターの 中まで かすかに 届く。
「おいしいね」
と 兄。
「お母さんも お食べよ」
と 一本の そばを つまんで 母親の 口に 持って いく 弟。
やがて 食べ終え、百五十円の 代金を 支払い、「ごちそうさまでした」と 頭を 下げて 出て いく 母子 三人に、
「ありがとう ございました! どうか よい お年を!」
と 声を 合わせる 主人と 女将。
新しい 年を 迎えた 北海亭は、あいかわらずの 忙しい 毎日の 中で 一年が すぎ、再び 十二月 三十一日が やって きた。
前年 以上の 猫の 手も 借りたい ような 一日が 終わり、十時を すぎた ところで、店を 閉めようと した とき、ガラガラガラと 戸が 開いて、二人の 男の 子を 連れた 女性が 入って きた。
女将は 女性の 着て いる チェックの 半コートを 見て、一年前の 大晦日、最後の 客を 思い出した。
「あのー…… かけそば…… 一人前なのですが…… よろしいでしょうか」
「どうぞ どうぞ。こちらへ」
女将は、昨年と 同じ 二番テーブルへ 案内しながら、
「かけ一丁!」
と 大きな 声を かける。
「あいよっ! かけ一丁」
と 主人は こたえながら、消した ばかりの コンロに 火を 入れる。

「ねえ お前さん、サービスと いう ことで 三人前、出して あげようよ」
そっと 耳打ちする 女将に、
「だめだ。そんな 事したら、かえって 気を つかうべ」
と 言いながら 玉そば 一つ半を ゆであげる 夫を 見て、
「お前さん、仏頂面してるけど、いい とこ あるね」
と 微笑む 妻に 対し、あいかわらず 黙って どんぶりに 盛り付けを する 主人である。
テーブルの 上の、一杯の そばを 囲んだ 母子 三人の 会話が、カウンターの 中と 外の 二人に 聞こえる。
「……おいしいね……」
「今年も 北海亭(ほっかいてい)の おそば 食べれたね」
「来年も 食べれると いいね……」
食べ終えて、百五十円を 支払い、出て 行く 三人の 後ろ姿に、
「ありがとう ございました! どうか よい お年を!」
その 日、何十回と くり返した 言葉で 送り出した。

어휘 및 漢字《かんじ》

物語《ものがたり》	札幌《さっぽろ》	街《まち》	そば屋《や》	出来事《できごと》
いちばん	かきいれどき	大晦日《おおみそか》	てんてこまい	忙《いそが》しさ
にぎやかだ	表通《おもてどお》り	夕方《ゆうがた》	~に つれて	家路《いえじ》
まわる	客足《きゃくあし》	ぱったり	止《と》まる	ころあい
見計《みはか》らう	無愛想《ぶあいそう》	主人《しゅじん》	かわる	常連客《じょうれんきゃく》
女将《おかみ》	呼《よ》ぶ	妻《つま》	ねぎらう	大入袋《おおいりぶくろ》
土産《みやげ》	パートタイム	従業員《じゅうぎょういん》	帰《かえ》す	最後《さいご》
客《きゃく》	店《みせ》	表《おもて》	暖簾《のれん》	下《さ》げる
入口《いりぐち》	戸《と》	がらがら	力《ちから》	開《ひら》く
連《つ》れる	女性《じょせい》	入《はい》る	真新《まあたら》しい	揃《そろ》い
トレーニングウェア		姿《すがた》	季節《きせつ》はずれ	チェック
半《はん》コート	着《き》る	迎《むか》える	おずおず	かけそば
一人前《いちにんまえ》	後《うし》ろ	心配顔《しんぱいがお》	見上《みあ》げる	暖房《だんぼう》
テーブル	案内《あんない》する	カウンター	奥《おく》	向《む》かう
一丁《いっちょう》	声《こえ》	受《う》ける	ちらり	~人連《にんづ》れ
こたえる	玉《たま》そば	一個《いっこ》	さらに	半個《はんこ》
加《くわ》える	ゆでる	量《りょう》	悟《さと》る	サービス
大盛《おおも》り	分量《ぶんりょう》	ゆであがる	一杯《いっぱい》	囲《かこ》む
額《ひたい》	寄《よ》せあう	話《はな》し声《ごえ》	かすかに	届《とど》く
おいしい	兄《あに》	お母《かあ》さん	つまむ	母親《ははおや》
弟《おとうと》	食《た》べ終《お》える	代金《だいきん》	支払《しはら》う	頭《あたま》
母子《ぼし》	合《あ》わせる	新《あたら》しい	あいかわらず	再《ふたた》び
すぎる	前年《ぜんねん》	猫《ねこ》	借《か》りる	終《お》わる
~した ところ	閉《し》める	思《おも》い出《だ》す	消《け》す	~した ばかり
コンロ	耳打《みみう》ちする	だめ	気《き》を つかう	夫《おっと》
仏頂面《ぶっちょうづら》	微笑《ほほえ》む	黙《だま》る	どんぶり	盛《も》り付《つ》け
会話《かいわ》	聞《きこ》える	今年《ことし》	来年《らいねん》	後《うし》ろ姿《すがた》
くり返《かえ》す	言葉《ことば》	送《おく》り出《だ》す		

연습문제 5

※ 다음 문장의 ○ 안에 ひらがな 1字씩 넣어 문장을 완성시키세요.

① 夕方○ なる○ つれ、家路○ つく 人々○ 足も はやく なる。

② 十時○ まわる○ 北海亭○ 客足も ぱったり○ 止まる。

③ 女将は 大入袋○ 土産○ そば○ 持たせて パートタイム○ 従業員○ 帰した。

④ 男の 子は 真新しい 揃い○ トレーニングウェア姿○、女性は 季節は ずれ○ チェック○ 半コート○ 着て いた。

⑤ 暖房○ 近い 二番テーブル○ 案内しながら、カウンター○ 奥○ 向かって、「かけ一丁!」○ 声○ かける。

⑥ 猫○ 手も 借りたい よう○ 一日○ 終わる。

⑦ 女将は 昨年○ 同じ 二番テーブル○ 案内する。

⑧ 主人は こたえ○○○ 消した ばかり○ コンロ○ 火○ 入れる。

⑨ 一杯○ そば○ 囲んだ 母子 三人○ 会話が カウンター○ 中○ 外○ 二人○ 聞こえる。

⑩ その 日、何十回○ くり返した 言葉○ 送り出した。

연습문제 6

※ 다음 문장의 (　　) 안에 들어 갈 적당한 단어를 **ひらがな**로 써 넣으세요.

① いちじ ー にじ ー (　　　) ー (　　　) ー ごじ

② (　　　) ー ふつか ー (　　　) ー よっか ー (　　　)

③ (　　　) ー にほん ー (　　　) ー (　　　) ー ごほん

④ (　　　) ー (　　　) ー さんにん ー (　　　) ー ごにん

⑤ ひとつ ー (　　　) ー みっつ ー (　　　) ー いつつ

⑥ ひゃく ー にひゃく ー (　　　) ー (　　　) ー ごひゃく

⑦ いっぷん ー にふん ー (　　　) ー (　　　) ー ごふん

⑧ (　　　) ー にひき ー (　　　) ー (　　　) ー ごひき

⑨ (　　　) ー かようび ー (　　　) ー もくようび ー (　　　)

⑩ あつい ー あったかい ー すずしい ー (　　　)

문형연습 4

※ 다음과 같은 문형의 문장을 만들어 보세요.

1。~は ~で ある。

そば屋に とって いちばんの かき入れどきは 大晦日で ある。

①

②

③

2。~するに つれて、~する。

夕方に なるに つれて、家路に つく 人々の 足も はやく なる。

①

②

③

3。 ~しようと した とき、~した。

店を 閉めようと した とき、女性が 入って きた。

①

②

③

4。 ~が(は) ~に 聞える。

三人の 会話が 二人に 聞こえる。

①

②

③

본문의 내용 확인 4

※ 본문의 내용에 의거하여 다음 질문에 대해 일본어로 답하세요.

① そば屋に とって いちばんの かきいれどきは いつですか。

→

② 日本の 大晦日と いうのは 何月 何日ですか。

→

③ 最後の 客が 店を 出たので、そろそろ 何を しようと して いた ときに 二人の 子どもを 連れた 女性が 入って きましたか。

→

④ 一人前の かけそばを たのんだ 三人の お客に 対して 店の 主人は どのように しましたか。

→

⑤ 玉そば 一つは 何人前の 量ですか。

→

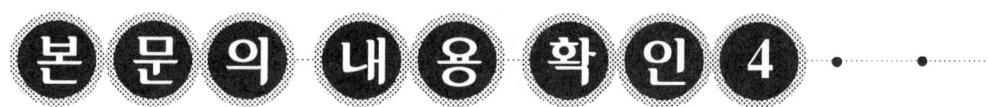

4。

商売繁盛の うちに 迎えた その 翌年の 大晦日の 夜、北海亭の 主人と 女将は、たがいに 口にこそ 出さないが、九時半を すぎた ころより、そわそわと 落ち着かない。

十時を まわった ところで 従業員を 帰した 主人は、壁に 下げて ある メニュー札を 次々と 裏返した。今年の 夏に 値上げして「かけそば 二百円」と 書かれていた メニュー札が、百五十円に 早変わりして いた。

二番テーブルの 上には、すでに 三十分も 前から「予約席」の 札が 女将の 手で置かれて いる。

十時半に なって、店内の 客足が とぎれるのを 待って いたかの ように、母と子の 三人連れが 入って きた。

兄は 中学生の 制服、弟は 去年 兄が 着て いた 大き目の ジャンパーを 着て いた。二人とも 見違える ほどに 成長して いたが、母親は 色あせた あの チェックの 半コート姿の ままだった。

「いらっしゃいませ!」

と 笑顔で 迎える 女将に、母親は おずおずと 言う。

「あのー…… かけそば……二人前なのですが……よろしいでしょうか」

「えっ…… どうぞ どうぞ。さぁ こちらへ」

と 二番テーブルへ 案内しながら、そこに あった「予約席」の 札(ふだ)を 何気なく 隠し、カウンターに 向かって、

「かけ二丁!」

それを 受けて、

「あいよっ! かけ二丁!」

と こたえた 主人、玉そば 三個を 湯の 中に ほうり込んだ。

二杯の かけそばを たがいに 食べあう 母子 三人の 明るい 笑い声が 聞こえ、話

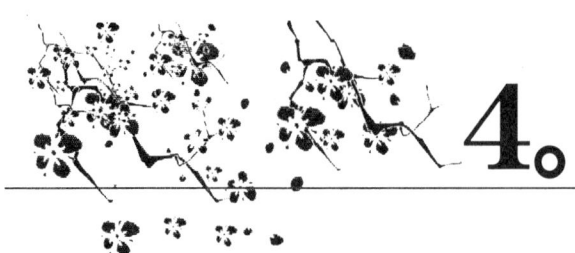

も 弾んで いるのが わかる。カウンターの 中で、思わず 目と 目を 見かわして 微笑む 女将と、例の 仏頂面の まま、ウンウンと うなずく 主人で ある。

「お兄ちゃん、淳(じゅん)ちゃん…… 今日は 二人に、お母さんから お礼が 言いたいの」

「…… お礼って…… どうしたの」

「実はね、死んだ お父さんが 起こした 事故で、八人もの 人に けがを させ 迷惑を かけて しまったんだけど…… 保険などでも 支払い できなかった 分を、毎月 五万円ずつ 払い続けて いたの」

「うん、知って いたよ」

と 兄。女将と 主人は 身動きしないで、じっと 聞いて いる。

「支払いは 年明けの 三月までに なって いたけど、実は 今日、ぜんぶ 支払いを 済ます ことが できたの」

「えっ! ほんとう、お母さん!」

「ええ、ほんとうよ。お兄ちゃんは 新聞配達を して がんばって くれてるし、淳ちゃんが お買い物や 夕飯の したくを 毎日 して くれた おかげで、お母さん 安心して 働く ことが できたの。よく がんばったからって、会社から 特別手当を いただいたの。それで 支払いを ぜんぶ 終わらす ことが できたの」

「お母さん! お兄ちゃん! よかったね! でも、これからも、夕飯の したくは ボクが するよ」

「ボクも 新聞配達、続けるよ。淳! がんばろうな!」

「ありがとう。ほんとうに ありがとう」

「今だから 言えるけど、淳と ボク、お母さんに 内緒に して いる 事が あるんだ。それはね…… 十一月の 日曜日、淳の 授業参観の 案内が、学校から あったでしょう。…… あの とき、淳は もう 一通、先生からの 手紙を あずかって きてたんだ。

淳の 書いた 作文が 北海道の 代表に 選ばれて、全国コンクールに 出品される ことに なったので、参観日に、その 作文を 淳に 読んで もらうって。

先生からの 手紙を お母さんに 見せれば…… むりして 会社を 休むの わかるか

ら、淳、それを 隠したんだ。その こと 淳の 友だちから 聞いた ものだから……ボクが 参観日に 行ったんだ」

「そう…… そうだったの…… それで」

「先生が、あなたは 将来 どんな 人に なりたいですか、と いう 題で、全員に 作文を 書いて もらいました ところ、淳くんは 一杯の かけそばと いう 題で 書いて くれました。これから その 作文を 読んで もらいますって。

一杯の かけそばって 聞いた だけで、北海亭での ことだと わかったから…… 淳の ヤツ なんで そんな 恥(は)ずかしい ことを 書くんだ! と 心の 中で 思ったんだ。

作文はね…… お父さんが、交通事故で 死んで しまい、たくさんの 借金が 残ったこと、お母さんが、朝 早くから 夜 遅くまで 働いて いる こと、ボクが 朝刊 夕刊の 配達に 行って いる ことなど…… ぜんぶ 読みあげたんだ。

そして 十二月 三十一日の 夜、三人で 食べた 一杯の かけそばが、とても おいしかった こと。…… 三人で たった 一杯しか 頼まないのに、おそば屋の おじさんと おばさんは、ありがとう ございました! どうか よい お年を!って 大きな 声を かけて くれた こと。その 声は…… 負けるなよ! がんばれよ! 生きるんだよ!って 言って いる ような 気が したって。

それで 淳(じゅん)は、大人に なったら、お客さんに、がんばってね! 幸せにね!って 思いを こめて、ありがとう ございました! と 言える 日本一の、おそば屋さんに なりますって、大きな 声で 読みあげたんだよ」

カウンターの 中で、聞き耳 立てて いた はずの 主人と 女将の 姿が 見えない。

カウンターの 奥に しゃがみこんだ 二人は、一本の タオルの 端を たがいに 引っぱりあう ように つかんで、こらえきれず あふれでる 涙を 拭って いた。

「作文を 読み終わった とき、先生が、淳くんの お兄さんが、お母さんに かわって 来て くださってますので、ここで あいさつを して いただきましょうって……」

「まぁ。それで、お兄ちゃん どうしたの」

「突然、言われたので、初めは 言葉が 出なかったけど…… みなさん、いつも 淳と 仲よく して くれて ありがとう。…… 弟は 毎日、夕飯の したくを して います。それで クラブ活動の 途中で 帰るので、迷惑を かけて いると 思います。今、弟が 一杯の かけそばと 読みはじめた とき…… ボクは 恥ずかしいと 思いました。…… でも、胸を 張って 大きな 声で 読みあげて いる 弟を 見て いる うちに、一杯の かけそばを 恥ずかしいと 思う、その 心の ほうが、恥ずかしい ことだと 思いました。

あの とき…… 一杯の かけそばを 頼んで くれた 母の 勇気を、忘れては いけないと 思います。…… 兄弟、力を 合わせ、母を 守って 行きます。…… これからも 淳と 仲よく して くださいって 言ったんだ」

しんみりと、たがいに 手を 握ったり、笑い転げる ように して 肩を 叩きあったり、昨年までとは、打って変わった 楽しげな 年越しそばを 食べ終え、三百円を支払い「ごちそうさまでした」と、深々と 頭を 下げて 出て 行く 三人を、主人と女将は、一年を 締めくくる 大きな 声で、

「ありがとう ございました! どうか よい お年を!」

と 送り出した。

어휘 및 漢字《かんじ》

商売繁盛《しょうばいはんじょう》
壁《かべ》
早《はや》変《が》わり
とぎれる
去年《きょねん》
色《いろ》あせる
湯《ゆ》
笑《わら》い声《ごえ》
微笑《ほほえ》む
起《おこ》す
毎月《まいつき》
聞《き》く
新聞配達《しんぶんはいたつ》
おかげ
終《お》わらす
日曜日《にちようび》
手紙《てがみ》
選《えら》ぶ
むりする
これから
お父《とう》さん
遅《おそ》い
おじさん
それで
なる
しゃがみこむ
こらえる
あいさつ
仲《なか》よく
胸《むね》を 張《は》る
しんみり
打《う》って変《か》わる

翌年《よくどし》
メニュー札《ふだ》
すでに
待《ま》つ
大《おお》き目《め》
~の まま
ほうり込《こ》む
弾《はず》む
うなずく
事故《じこ》
~ずつ
年明《としあ》け
がんばる
安心《あんしん》する
ぼく
授業参観《じゅぎょうさんかん》
あずかる
全国《ぜんこく》コンクール
休《やす》む
やつ
交通事故《こうつうじこ》
朝刊《ちょうかん》
おばさん
大人《おとな》
聞《き》き耳《みみ》
タオル
あふれでる
突然《とつぜん》
毎日《まいにち》
勇気《ゆうき》
握《にぎ》る
楽《たの》しげ

たがいに
次々《つぎつぎ》と
予約席《よやくせき》
~人《にん》連《づ》れ
ジャンパー
笑顔《えがお》
二杯《にはい》
わかる
お礼《れい》
けが
払《はら》い続《つづ》ける
ぜんぶ
買《か》い物《もの》
働《はたら》く
続《つづ》ける
学校《がっこう》
作文《さくぶん》
出品《しゅっぴん》する
将来《しょうらい》
恥《は》ずかしい
たくさん
夕刊《ゆうかん》
負《ま》ける
幸《しあわ》せ
立《た》てる
端《はし》
涙《なみだ》
初《はじ》め
クラブ活動《かつどう》
忘《わす》れる
笑《わら》い転《ころ》げる
年越《としこ》しそば

そわそわ
裏返《うらがえ》す
置《お》く
中学生《ちゅうがくせい》
見《み》違《ちが》える
何《なに》気《げ》なく
食《た》べあう
思《おも》わず
実《じつ》
迷惑《めいわく》を かける
身動《みうご》きする
済《す》ます
夕飯《ゆうはん》
会社《かいしゃ》
内緒《ないしょ》
もう
北海道《ほっかいどう》
参観日《さんかんび》
題《だい》
心《こころ》
借金《しゃっきん》
読《よ》みあげる
生《い》きる
こめる
はず
引《ひ》っぱりあう
拭《ぬぐ》う
みなさん
途中《とちゅう》
兄弟《きょうだい》
肩《かた》
深々《ふかぶか》

落《お》ち着《つ》く
値《ね》上《あ》げする
店内《てんない》
制服《せいふく》
成長《せいちょう》する
隠《かく》す
明《あか》るい
見《み》かわす
死《し》ぬ
保険《ほけん》
じっと
ほんとう
したく
特別手当《とくべつてあて》
事《こと》
一通《いっつう》
代表《だいひょう》
読《よ》む
全員《ぜんいん》
思《おも》う
残《のこ》る
頼《たの》む
気《き》が する
日本一《にほんいち》
見《み》える
つかむ
読《よ》み終《お》わる
いつも
帰《かえ》る
守《まも》る
叩《たた》きあう
締《し》めくくる

연습문제 7

※ 다음 문장의 ○ 안에 ひらがな 1字씩 넣어 문장을 완성시키세요.

① 主人は 十時○ まわった ところ○ 従業員○ 帰した。

② 主人は 壁○ 下げて ある メニュー札○ 次々○ 裏返した。

③ 二番テーブル○ 上○○ すでに 三十分も 前○○「予約席」○ 札○ 女将○ 手○ 置かれて いる。

④「いらっしゃいませ!」○ 笑顔○ 迎える 女将○ 母親は おずおず○ 言う。

⑤ お父さんが 起こした 事故○、八人○の 人○ けが○ させて 迷惑○ かけて しまった。

⑥ 淳ちゃんが お買い物○ 夕飯の したく○ 毎日 して くれた おかげ○、お母さんは 安心して 働く こと○ できた。

⑦ 淳○ ボクは お母さん○ 内緒○ して いる 事○ ある。

⑧ 先生は 全員○ 作文○ 書いて もらいました。

⑨ 淳くんは 一杯○ かけそば○ いう 題○ 書いて くれました。

⑩ カウンター○ 奥○ しゃがみこんだ 二人は、一本○ タオル○ 端○ たがい○ 引っぱりあう よう○ つかんで 涙○ 拭って いた。

연습문제 8

※ 다음 문장의 (　　) 안에 「ごろ」 또는 「ぐらい」를 써 넣으세요.

① 十分 (　　) 待って 下さい。

② きのう 二時間 (　　) 本を 読みました。

③ 仕事は 五時 (　　) 終りました。

④ 私は 毎日 七時 (　　) 起きます。

⑤ 私は 毎日 七時間 (　　) 寝ます。

⑥ 私は その 国に 三年 (　　) いました。

⑦ 私の うちから 学校まで 三十分 (　　) かかります。

⑧ あなたは 何年 (　　) 日本に いますか。

⑨ 私は 今年の 十一月 (　　) インドへ 行きます。

⑩ 十時半 (　　) バスが 来ます。

문형연습 5

※ 다음과 같은 문형의 문장을 만들어 보세요.

1。~した おかげで ~した。

淳ちゃんが 夕飯の したくを して くれた おかげで、お母さんは 安心して 働く ことが できたの。

①

②

③

2。~した だけで、~した。

一杯の かけそばって 聞いた だけで、北海亭での ことだと わかった。

①

②

③

3。~に かわって、~する。

淳くんの お兄さんが、お母さんに かわって 来て くださって います。

①
②
③

4。~して いる うちに ~した。

弟を 見て いる うちに、一杯の かけそばを 恥ずかしいと 思う、その心の ほうが、恥ずかしい ことだと 思いました。

①
②
③

본문의 내용 확인 5

※ 본문의 내용에 의거하여 다음 질문에 대해 일본어로 답하세요.

① 今年から 北海亭での かけそばは いくらに なりましたか。

→

② 二人前の かけそばを たのんだ 三人の お客に 対して 店の 主人は どのように しましたか。

→

③ 淳ちゃんは 毎日 何を して お母さんを てつだいましたか。

→

④ お母さんは いっしょうけんめい 働いたので、会社から 何を もらいましたか。

→

⑤ 淳ちゃんと 兄さんが お母さんに 内緒に した ことは どんな ことですか。

→

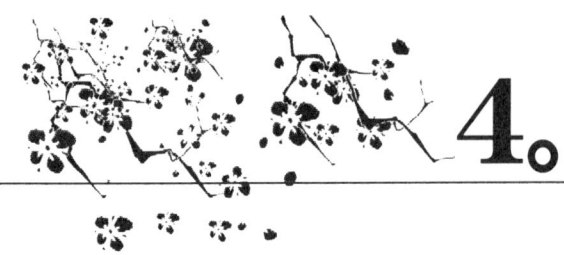

4.

また 一年が すぎて――。
北海亭では、夜の 九時すぎから 「予約席」の 札を 二番テーブルの 上に 置いて 待ちに 待ったが、あの 母子 三人は 現れなかった。
次の 年も、さらに 次の 年も、二番テーブルを 空けて 待ったが、三人は 現れなかった。
北海亭は 商売繁盛の なかで、店内改装を する ことに なり、テーブルや 椅子も 新しく したが、あの 二番テーブルだけは その まま 残した。
真新しい テーブルが 並ぶ なかで、一脚だけ 古い テーブルが 中央に 置かれて いる。
「どうして、これが ここに」と 不思議がる 客に、主人と 女将は 「一杯の かけそば」の ことを 話し、この テーブルを 見ては、自分たちの 励みに して いる、いつの 日か、あの 三人の お客さんが、来て くださるかも 知れない、その とき、この テーブルで 迎えたい、と 説明して いた。
その 話が 「幸せの テーブル」と して、客から 客へと 伝わった。わざわざ 遠くから 訪ねて きて、そばを 食べて いく 女学生が いたり、その テーブルが 空くのを 待って 注文を する 若い カップルが いたりで、なかなかの 人気を 呼んでいた。
それから さらに、数年の 歳月が 流れた 十二月 三十一日の 夜の ことで ある。
北海亭には、同じ 町内の 商店会の メンバーで、家族 同然の つきあいを している 仲間たちが、それぞれの 店じまいを 終え、集まって きて いた。
北海亭で 年越しそばを 食べた 後、除夜の 鐘の 音を 聞きながら、仲間と その 家族が そろって 近くの 神社へ 初もうでに 行くのが、五、六年前からの 恒例となって いた。
この 夜も、九時半すぎに 魚屋の 夫婦が、刺身を 盛り合わせた 大皿を 両手に

持って　入って　きたのが　合図だったかの　ように、いつもの　仲間　三十人あまりが、酒や　肴を　手に　次々と　集まり、店内の　雰囲気は　盛りあがって　いた。
二番テーブルの　由来を　知って　いる　仲間の　ことで　ある。口には　しないが、おそらく、今年も　空いた　まま　新年を　迎えるで　あろう「大晦日　十時すぎの　予約席」を　そっと　した　まま、窮屈な　小上がりの　席に、さらに　全員が　少しずつ　体をずらして、遅れて　きた　仲間を　招き入れた。
そばを　食べる　者、酒を　飲む　者、たがいに　持ち込んだ　料理に　手を　伸ばす者、カウンターの　中に　入り　手伝って　いる　者、勝手に　冷蔵庫を　開け、何やら取り出して　いる　者も　いる。大売り出しの　話、海水浴での　エピソード、孫が　生まれた　話など、にぎやかさが　頂点に　達した　十時半すぎ、入口の　戸が　ガラガラガラと　開いた。
幾人かの　視線が　入口に　向けられたのを　知り、全員が　押し黙る。
オーバーを　手に、スーツを　着た　二人の　青年が　入って　きた。ほっと　した、ため息と　共に　にぎやかさが　もどる。女将が　申しわけなさそうな　顔で「あいにく満席な　ものですから」と　断わろうと　した　とき、和服の　姿の　婦人が　深々と　頭を　下げて　入って　きて、二人の　青年の　間に　立った。
店内に　いる　すべての　者が　息を　のんで、聞き耳を　立てる。
和服の　婦人が　静かに　言った。
「あのー……　かけそば……　三人前なのですが……　よろしいでしょうか」
それを　聞いた　女将の　顔色が　変わる。十数年の　歳月を　瞬時に　押しのけ、あの日の　若い　母親と　幼い　二人の　姿が、目の　前の　三人と　重なる。
カウンターの　中から　目を　見開いて、にらみつけて　いる　主人と、今、入って　来た　三人の　客を　交互に　指さしながら、
「あの……　あの……　おっ、お前さん!」
と　オロオロして　いる　女将に、青年の　一人が　言った。
「私たちは、十四年前の　大晦日の　夜、母子　三人で　一人前の　かけそばを　注文した　者です。あの　ときの、一杯の　かけそばに　励まされ、三人　手を　取り合って生き抜く　ことが　できました。

その 後、母の 実家が あります 滋賀県へ 越しました。私は 今年、医師の 国家試験に 合格しまして、京都の 大学病院に 小児科医の 卵として 勤めて おりますが、年明け 四月より、札幌の 総合病院で 勤務する ことに なりました。

その 病院への あいさつと、父の お墓への 報告を 兼ね、おそば屋さんには なりませんでしたが、京都の 銀行に 勤める 弟と 相談を しまして、今までの 人生の中で、最高の ぜいたくを 計画しました。……それは、大晦日に 母と 三人で、札幌の 北海亭さんを 訪ね、三人前の かけそばを 頼む ことでした」

うなずきながら 聞いて いた 女将と 主人の 目から ドッと 涙が あふれでる。

入口に 近い テーブルに 陣取って いた 八百屋の 大将が、そばを 口に 含んだまま 聞いて いたが、そのまま ゴクッと 飲み込んで 立ち上がり、

「おいおい 女将さん! 何 してんだよ! 十年間 この 日の ために 用意して 待ちに待った、大晦日の 十時すぎの 予約席じゃ ないか、ご案内だよ! ご案内!」

八百屋に 肩を ポンと 叩かれ、気を 取り直した 女将は、

「……ようこそ ……さぁ どうぞ…… お前さん! 二番テーブル かけ三丁!」

仏頂面を 涙で ぬらした 主人、

「あいよっ! かけ三丁!」

期せずして あがる 歓声と 拍手の 店の 外では、先ほどまで ちらついて いた 雪も 止み、新雪に 跳ね返った 窓明かりが 照らしだす「北海亭」と 書かれた 暖簾を、ほんの 一足 早く 吹く —— 睦月の 風が 揺らして いた。

—『栗 良平作品集 2』에서—

어휘 및 漢字《かんじ》

また
椅子《いす》
古《ふる》い
幸《しあわ》せ
空《あ》く
それから
町内《ちょうない》
つきあい
年越《としこ》しそば
神社《じんじゃ》
刺身《さしみ》
~あまり
雰囲気《ふんいき》
新年《しんねん》
全員《ぜんいん》
者《もの》
伸《の》ばす
取《と》り出《だ》す
生《う》まれる
視線《しせん》
ほっとする
顔《かお》
婦人《ふじん》
聞《き》き耳《みみ》
幼《おさな》い
指《ゆび》さす
実家《じっか》
合格《ごうかく》
勤《つと》める
あいさつ
銀行《ぎんこう》
計画《けいかく》
八百屋《やおや》
ため
叩《たた》く
拍手《はくしゅ》
跳《は》ね返《かえ》る
吹《ふ》く
現《あらわ》れる
まま
中央《ちゅうおう》
伝《つた》わる
注文《ちゅうもん》
数年《すうねん》
商店会《しょうてんかい》
仲間《なかま》
除夜《じょや》
初《はつ》もうで
盛《も》り合《あ》わせる
酒《さけ》
盛《も》り上《あ》がる
そっとする
体《からだ》
酒《さけ》
手伝《てつだ》う
大売《おおう》り出《だ》し
にぎやかさ
押《お》し黙《だま》る
ため息《いき》
あいにく
深々《ふかぶか》(と)
静《しず》かだ
重《かさ》なる
おろおろする
滋賀県《しがけん》
京都《きょうと》
年明《としあ》け
墓《はか》
相談《そうだん》
うなずく
含《ふく》む
用意《ようい》
取《と》り直《なお》す
ちらつく
窓明《まどあ》かり
睦月《むつき》
次《つぎ》
残《のこ》す
不思議《ふしぎ》がる
わざわざ
カップル
歳月《さいげつ》
メンバー
それぞれ
鐘《かね》
恒例《こうれい》
大皿《おおざら》
肴《さかな》
由来《ゆらい》
窮屈《きゅうくつ》
ずらす
飲《の》む
勝手《かって》
海水浴《かいすいよく》
頂点《ちょうてん》
オーバー
共《とも》に
満席《まんせき》
間《あいだ》
顔色《かおいろ》
見開《みひら》く
注文《ちゅうもん》
越《こ》す
大学病院《だいがくびょういん》
札幌《さっぽろ》
報告《ほうこく》
人生《じんせい》
どっと
ごくっと
案内《あんない》
ぬらす
雪《ゆき》
照《て》らし出《だ》す
揺《ゆ》らす
空《あ》ける
並《なら》ぶ
励《はげ》み
訪《たず》ねる
なかなか
流《なが》れる
家族《かぞく》
店《みせ》じまい
音《ね》
魚屋《さかなや》
両手《りょうて》
次々《つぎつぎ》
口《くち》に する
小上《こあ》がり
遅《おく》れる
持《も》ち込《こ》む
冷蔵庫《れいぞうこ》
エピソード
達《たっ》する
スーツ
もどる
断《ことわ》る
すべて
瞬時《しゅんじ》
にらみつける
取《と》り合《あ》う
医師《いし》
小児科医《しょうにかい》
総合病院《そうごうびょういん》
兼《か》ねる
最高《さいこう》
あふれる
飲《の》み込《こ》む
肩《かた》
期《き》せず
止《や》む
ほんの
店内改装《てんないかいそう》
一脚《いっきゃく》
説明《せつめい》する
女学生《じょがくせい》
人気《にんき》
同《おな》じ
同然《どうぜん》
集《あつ》まる
そろう
夫婦《ふうふ》
合図《あいず》
店内《てんない》
おそらく
席《せき》
招《まね》き入《い》れる
料理《りょうり》
何《なに》やら
孫《まご》
幾人《いくにん》
青年《せいねん》
申《もう》しわけ
和服《わふく》
息《いき》を のむ
押《お》しのける
交互《こうご》
生《い》き抜《ぬ》く
国家試験《こっかしけん》
卵《たまご》
勤務《きんむ》する
京都《きょうと》
ぜいたく
陣取《じんど》る
立《た》ち上《あ》がる
ぽんと
歓声《かんせい》
新雪《しんせつ》
一足《ひとあし》

연습문제 9

※ 다음 문장의 ○ 안에 ひらがな 1字씩 넣어 문장을 완성시키세요.

① 北海亭○○ 夜○ 九時すぎから「予約席」○ 札を 二番テーブル○ 上○ 置いて 待ち○ 待った。

② 北海亭は 商売繁盛○ なか○、店内改装○ する こと○ なった。

③ 主人○ 女将は「一杯の かけそば」○ こと○ 話し、いつ○ 日○、あの 三人○ お客さんが、来て くださる○○ 知れない、その とき、この テーブル○ 迎えたい、○ 説明して いた。

④ その 話が「幸せの テーブル」○○○、客○○ 客○と 伝わった。

⑤ 仲間○ その 家族が そろって 近く○ 神社○ 初もうで○ 行く。

⑥ オーバー○ 手○、スーツ○ 着た 二人○ 青年が 入って きた。

⑦ 店内○ いる すべて○ 者が 息○ のんで、聞き耳○ 立てる。

⑧ 和服○ 婦人が 静か○ 言った。

⑨ 京都○ 大学病院○ 小児科医○ 卵○○○ 勤めて います。

⑩ 年明け○ 四月○○ 札幌○ 総合病院○ 勤務する こと○ なりました。

문형연습 6

※ 다음과 같은 문형의 문장을 만들어 보세요.

1。~して いる。

古い テーブルが 中央に 置かれて いる。
京都の 大学病院に 小児科医の 卵として 勤めて いる。

①

②

③

2。~したり、~したり、~した。

そばを 食べて いく 女学生が いたり、その テーブルが 空くのを 待って
注文を する 若い カップルが いたりで、なかなかの 人気を 呼んで いた。

①

②

③

3。~の ように ~した。

九時半すぎに 魚屋の 夫婦が 入って きたのが 合図だったかの ように、いつもの 仲間 三十人あまりが 次々と 集まった。

①

②

③

4。~と 共に ~する。

ほっと した ため息と 共に にぎやかさが もどる。

①

②

③

본문의 내용 확인 6

※ 본문의 내용에 의거하여 다음 질문에 대해 일본어로 답하세요.

① 夜 北海亭の 女将が「予約席」の 札を おいたのは 何番テーブルですか。

→

② 北海亭は 商売繁盛で 何を しましたか。

→

③ 日本人は 大晦日に 何を 食べますか。

→

④ 三人家族が 北海道から 引越しを したのは どこでしたか。

→

⑤ 淳くんと 兄さんは 大きく なって 何に なりましたか。

→

메 모 노 트

5。葉桜と魔笛

桜が 散って、この ように 葉桜の ころに なれば、私は、きっと 思いだします。―― と、その 老夫人は 物語る。―― 今から 三十五年前、父は その ころ まだ 存命中で ございまして、私の 一家、と 言いましても、母は その 七年前 私が 十三の 時に、もう 他界なされて、あとは、父と、私と 妹と 三人きりの 家庭で ございましたが、父は、私 十八、妹 十六の 時に 島根県の 日本海に 沿った 人口 二万余りの ある 城下町に、中学校長と して 赴任して 来て、格好の 借家も なかったので、町はずれの、もう すぐ 山に 近い ところに 一つ 離れて ぽつんと 建って いる お寺の、離れ座敷、二部屋 拝借して、そこに、ずっと、六年目に 松江の 中学校に 転任に なるまで、住んで いました。私が 結婚 致しましたのは、松江に 来てからの ことで、二十四の 秋で ございますから、当時と しては ずいぶん 遅い 結婚でございました。早くから 母に 死なれ、父は 頑固一徹の 学者気質で、世俗の ことには、とんと、うとく、私が いなく なれば、一家の 切り回しが、まるで だめに なることが、わかって いましたので、私も、それまでに いくらも 話が あったので ございますが、家を 捨ててまで、よそへ お嫁に 行く 気が 起らなかったので ございます。せめて、妹さえ 丈夫で ございましたならば、私も、少し 気楽だったのですけれども、妹は、私に 似ないで、たいへん 美しく、髪も 長く、とても よく できる、かわいい 子で ございましたが、体が 弱く、その 城下町へ 赴任して、二年目の 春、私 二十、妹 十八で、妹は、死にました。その ころの、これは、お話で ございます。妹は、もう、よほど 前から、いけなかったので ございます。腎臓結核と いう、悪い 病気で ございまして、気の ついた 時には、両方の 腎臓が、もう 虫食われて しまって いたのだ そうで、医者も、百日以内、と はっきり 父に 言いました。どうにも、手の ほどこしようが 無いのだ そうで ございます。ひとつき 経ち、ふたつき 経って、そろそろ 百日目が 近く なって 来ても、私たちは 黙って 見て いなければいけません。妹は、何も 知らず、わりに 元気で、終日 寝床に 寝たきりなので ございますが、それでも、陽気に 歌を 歌ったり、冗談 言ったり、私に 甘えたり、これが もう 三、四十日 経つと、死んで ゆくのだ、はっきり、それに 決って いるのだ、と 思うと、胸が いっぱいに なり、総身を 縫い針で 突き刺される ように 苦しく、私は、気が 狂う ように なって しまいます。三月、四月、五月、そうです。五月の 半ば、私は、あの 日を 忘れません。

野も 山も 新緑で、裸に なって しまいたい ほど 暖かく、私には、新緑が まぶしく、眼に ちかちか 痛くって、独り、いろいろ 考えごとを しながら 帯の 間に 片手を そっと 差し入れ、うなだれて 野道を 歩き、考える こと、考える こと、みんな 苦しい ことばかりで 息が できなく なる くらい、私は、身悶えしながら 歩きました。どおん、どおんと 春の 土の 底から、まるで 十万億土から 響いて くる ように、かすかな、けれども、おそろしく 幅の 広い、まるで 地獄の 底で 大きな 大きな 太鼓でも 打ち鳴らして いる ような、おどろおどろした 物音が、絶え間なく 響いて きて、私には、その 恐しい 物音が、なんで あるか、わからず、ほんとうに もう 自分が 狂って しまったのでは ないか、と 思い、そのまま、体が 凝結して 立ちすくみ、突然 わあっ! と 大声が 出て、立って いられず ぺたんと 草原に 座って、思い切って 泣いて しまいました。

어휘 및 漢字《かんじ》

桜《さくら》	散《ち》る	葉桜《はざくら》	ころ	きっと
思《おも》いだす	老婦人《ろうふじん》	物語《ものがた》る	まだ	存命中《ぞんめいちゅう》
ござる	一家《いっか》	もう	他界《たかい》	家庭《かてい》
妹《いもうと》	島根県《しまねけん》	日本海《にほんかい》	沿《そ》う	人口《じんこう》
~余《あま》り	ある	城下町《じょうかまち》	中学校長《ちゅうがくこうちょう》	赴任《ふにん》
格好《かっこう》	借家《しゃくや》	ない	町《まち》はずれ	すぐ
離《はな》れる	ぽつんと	建《た》つ	寺《てら》	離《はな》れ座敷《ざしき》
部屋《へや》	拝借《はいしゃく》	ずっと	松江《まつえ》	中学校《ちゅうがっこう》
転任《てんにん》	住《す》む	結婚《けっこん》	致《いた》す	秋《あき》
当時《とうじ》	ずいぶん	遅《おそ》い	早《はや》い	死《し》ぬ
頑固一徹《がんこいってつ》	学者気質《がくしゃきしつ》	世俗《せぞく》	とんと	うとい
切《き》り回《まわ》し	まるで	だめ	わかる	いくら
話《はなし》	捨《す》てる	よそ	嫁《よめ》	気《き》
起《おこ》る	せめて	~さえ	丈夫《じょうぶ》	~ならば
気楽《きらく》	~けれども	似《に》る	たいへん	美《うつく》しい
髪《かみ》	長《なが》い	できる	かわいい	体《からだ》
弱《よわ》い	~目《め》	春《はる》	よほど	いけない
腎臓結核《じんぞうけっかく》	病気《びょうき》	気《き》が つく	両方《りょうほう》	虫《むし》
食《く》う	~そうだ	医者《いしゃ》	百日《ひゃくにち》	以内《いない》
はっきり	ほどこす	~よう	ひとつき	経《た》つ
ふたつき	そろそろ	黙《だま》る	~しなければ いけません	
何《なに》も	知《し》る	わりに	元気《げんき》	終日《しゅうじつ》
寝床《ねどこ》	寝《ね》たきり	それでも	陽気《ようき》	歌《うた》
歌《うた》う	冗談《じょうだん》	甘《あま》える	決《き》まる	思《おも》う
胸《むね》	いっぱい	総身《そうしん》	縫《ぬ》い針《ばり》	突《つ》き刺《さ》す
苦《くる》しい	狂《くる》う	しまう	半《なか》ば	忘《わす》れる
野《の》	山《やま》	新緑《しんりょく》	裸《はだか》	~たい
~ほど	暖《あたた》かい	まぶしい	眼《め》	ちかちか
痛《いた》い	独《ひと》り	いろいろ	考《かんが》えごと	帯《おび》
間《あいだ》	片手《かたて》	そっと	差《さ》し入《い》れる	うなだれる
野道《のみち》	歩《ある》く	考《かんが》える	こと	みんな
~ばかり	息《いき》	できる	~くらい	身悶《みもだ》え
どおん	土《つち》	底《そこ》	十万億土《じゅうまんおくど》	響《ひび》く
~ようだ	かすかな	恐《おそ》ろしい	幅《はば》	広《ひろ》い
地獄《じごく》	太鼓《たいこ》	打《う》ち鳴《な》らす	おどろおどろ	物音《ものおと》
絶《た》え間《ま》	ほんとうに	凝結《ぎょうけつ》する	立《た》ちすくむ	突然《とつぜん》
わあっ	大声《おおごえ》	出《で》る	ぺたん(と)	草原《そうげん》
座《すわ》る	思《おも》い切《き》って	泣《な》く		

연습문제 10

※ 다음 문장의 ○ 안에 ひらがな 1字씩 넣어 문장을 완성시키세요.

① 父は、私 十八○ 時○ 島根県○ 日本海○ 沿った ある 城下町○ 赴任して 来た。

② 山○ 近い ところ○ 一つ 離れて ぽつん○ 建って いる お寺○ 二部屋を 拝借した。

③ 六年目○ 松江○ 中学校○ 転任○ なるまで 住んで いました。

④ 父は 頑固一徹○ 学者気質○、世俗○ こと○○ とんと うとい。

⑤ 家○ 捨てて○○ よそ○ お嫁○ 行く 気○ 起らなかった。

⑥ 医者も 百日以内○ はっきり 父○ 言いました。

⑦ もう 三、四十日 経つ○ 死んで ゆくのだ○ 思う○、胸○ いっぱい○ なる。

⑧ 総身○ 縫い針○ 突き刺される よう○ 苦しい。

⑨ どおん、どおん○ 春○ 土○ 底○○ おどろおどろした 物音が 絶え間なく 響いて くる。

⑩ ぺたん○ 草原○ 座って 思い切って 泣いて しまいました。

연습문제 11

※ 다음 문장의 (　　　) 안에 「まで」 또는 「までに」를 써 넣으세요.

① 今日 十二時(　　　) 勉強を しようと 思います。
② 私は 五時(　　　) 家へ 帰らなければ なりません。
③ この 本は 来週の 水曜日(　　　) かえして 下さい。
④ 私は 午後 五時(　　　) ここに いる つもりです。
⑤ 今日の 午後 五時(　　　) 電話を 下さい。
⑥ 私が 帰って くる(　　　) 待って いて 下さい。
⑦ おなかが 痛く なる(　　　) 食べては いけません。
⑧ 暗く なる(　　　) 帰って きて 下さい。
⑨ きのうは 夜 おそく(　　　) 勉強を しました。
⑩ 国へ 帰る(　　　) 一度 遊びに 来て 下さい。

문형연습 7

※ 다음과 같은 문형의 문장을 만들어 보세요.

1。~で ござる。

あとは、父と、私と 妹と 三人きりの 家庭で ございます。 妹は よほど 前から いけなかったので ございます。

①

②

③

2。~しないで ~。

妹は 私に 似ないで たいへん 美しく、髪も 長い。

①

②

③

3。～した(する) そうだ。

両方の 腎臓が もう 虫食われて しまって いた そうだ。

①

②

③

4。～しなければ いけない。

私たちは 黙って 見て いなければ いけません。

①

②

③

본문의 내용 확인 7

※ 본문의 내용에 의거하여 다음 질문에 대해 일본어로 답하세요.

① この お話は 今から 何年前の 話ですか。

→

② 母が なくなったのは 妹が 何才《なんさい》の 時ですか。

→

③ 父の 職業《しょくぎょう》は 何ですか。

→

④ 妹は 何才の 時に 死にましたか。

→

⑤ 妹の 病名《びょうめい》は 何ですか。

→

5。

後で 知った ことで ございますが、あの 恐ろしい 不思議な 物音は、日本海大海戦、軍艦の 大砲の 音だったので ございます。東郷提督の 命令一下で、露国のバルチック艦隊を 一挙に 撃滅なさる ための、大激戦の 最中だったので ございます。ちょうど、その ころで ございます ものね。海軍記念日は、今年も、また、そろそろ やって まいります。あの 海岸の 城下町にも、大砲の 音が、おどろおどろ 聞えて きて、町の 人たちも、生きた そらが 無かったので ございましょうが、私は、そんな こととは 知らず、ただ もう 妹の ことで いっぱいで、半気違いの ありさまだったので、何か 不吉な 地獄の 太鼓の ような 気が して、永い こと 草原で、顔も あげずに 泣き続けて おりました。日が 暮れかけて きた ころ、私は やっと 立ちあがって、死んだ ように、ぼんやり なって お寺へ 帰って まいりました。

「姉さん。」と 妹が 呼んで おります。妹も、その ころは、やせ衰えて、力 無く、自分でも、うすうす、もう そんなに 永く ない ことを 知って きて いる 様子で、以前の ように、あまり 何かと 私に 無理難題 言いつけて 甘ったれる ような ことが、なくなって しまって、私には、それが また いっそう つらいので ございます。

「姉さん、この 手紙、いつ 来たの?」

私は、はっと、むねを 突かれ、顔の 血の気が 無くなったのを 自分で はっきり 意識いたしました。

「いつ 来たの?」妹は、無心の ようで ございます。私は、気を 取り直して、

「つい さっき。あなたの 眠って いらっしゃる 間に。あなた、笑いながら 眠っていたわ。あたし、こっそり あなたの 枕元に 置いといたの。知らなかったでしょう?」

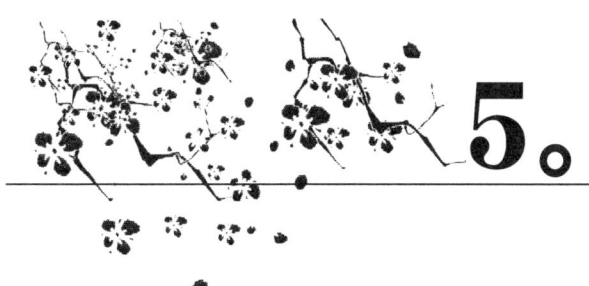

「ああ、知らなかった。」妹は、夕闇の 迫った 薄暗い 部屋の 中で、白く 美しく 笑って、「姉さん、あたし、この 手紙 読んだの。おかしいわ。あたしの 知らない 人なのよ。」

知らない ことが ある ものか。私は、その 手紙の 差出人の M・Tと いう 男の 人を 知って おります。ちゃんと 知って いたので ございます。いいえ、お会いした ことは 無いので ございますが、私が、その 五、六日 前、妹の 箪笥を そっと 整理して、その 折に、一つの 引き出しの 奥底に、一束の 手紙が、緑の リボンで きっちり 結ばれて 隠されて いるのを 発見いたし、いけない ことでしょうけれども、リボンを ほどいて、見て しまったので ございます。およそ 三十通ほどの 手紙、全部が その M・Tさんからの お手紙だったので ございます。もっとも 手紙の 表には、M・Tさんの お名前は 書かれて おりませぬ。手紙の 中に ちゃんと 書かれて あるので ございます。そうして、手紙の 表には、差出人と して いろいろの 女の 人の 名前が 記されて あって、それが みんな、実在の、妹の お友達の お名前で ございましたので、私も 父も、こんなに どっさり 男の 人と 文通して いる など、夢にも 気づかなかったので ございます。

きっと、その M・Tと いう 人は、用心深く、妹から お友達の 名前を たくさん 聞いて おいて、次々と その 数ある 名前を 用いて 手紙を 寄こして いたので ございましょう。私は、それに 決めて しまって、若い 人たちの 大胆さに、ひそかに 舌を 巻き、あの 厳格な 父に 知れたら、どんな ことに なるだろう、と 身震いする ほど 恐ろしく、けれども、一通ずつ 日付に したがって 読んで ゆくにつれて、私まで、なんだか 楽しく 浮き浮きして きて、時々は、あまりの 他愛なさに、独りで くすくす 笑って しまって、おしまいには 自分自身にさえ、広い 大きな 世界が 開けて くる ような 気が いたしました。

어휘 및 漢字《かんじ》

不思議《ふしぎ》	物音《ものおと》	日本海《にほんかい》	大海戦《だいかいせん》	軍艦《ぐんかん》
大砲《たいほう》	東郷《とうごう》	提督《ていとく》	命令一下《めいれいいっか》	露国《ろこく》
艦隊《かんたい》	一撃《いちげき》	撃滅《げきめつ》	大激戦《だいげきせん》	最中《さいちゅう》
海軍記念日《かいぐんきねんび》	おどろおどろ	生《い》きる	そら	半気違《はんきちが》い
ありさま	不吉《ふきつ》	太鼓《たいこ》	永《なが》い	草原《そうげん》
顔《かお》	泣《な》き続《つづ》ける	おる	暮《くれ》る	~かける
やっと	立《た》ちあがる	ぼんやり	帰《かえ》る	まいる
呼《よ》ぶ	やせ衰《おとろ》える	力《ちから》	無《な》い	自分《じぶん》
うすうす	様子《ようす》	以前《いぜん》	無理難題《むりなんだい》	言《い》いつける
甘《あま》ったれる	いっそう	つらい	はっと	むね
突《つ》く	血《ち》の気《け》	意識《いしき》	いたす	無心《むしん》
取《と》り直《なお》す	つい	さっき	眠《ねむ》る	いらっしゃる
あなた	笑《わら》う	こっそり	枕元《まくらもと》	置《お》く
暗闇《くらやみ》	迫《せま》る	薄暗《うすぐら》い	白《しろ》い	手紙《てがみ》
読《よ》む	おかしい	あたし	差出人《さしだしにん》	ちゃんと
会《あ》う	箪笥《だんす》	そっと	整理《せいり》	折《おり》
引《ひ》き出《だ》し	奥底《おくそこ》	一束《ひとたば》	緑《みどり》	リボン
きっちり	結《むす》ぶ	隠《かく》す	発見《はっけん》	ほどく
およそ	~通《つう》	全部《ぜんぶ》	もっとも	表《おもて》
名前《なまえ》	中《なか》	ちゃんと	記《しる》す	みんな
実在《じつざい》	友達《ともだち》	こんなに	どっさり	文通《ぶんつう》
夢《ゆめ》	気《き》づく	きっと	用心深《ようじんぶか》い	たくさん
次々《つぎつぎ》と	数《かず》	用《もち》いる	寄《よ》こす	決《き》める
若《わか》い	大胆《だいたん》さ	ひそかに	舌《した》を 巻《ま》く	厳格《げんかく》
知《し》れる	どんな	身震《みぶる》いする	~ずつ	日付《ひづけ》
~に したがって	ゆく	なんだか	楽《たの》しい	浮《う》き浮《う》きする
時々《ときどき》	あまり	他愛《たわい》	くすくす	自分自身《じぶんじしん》
広《ひろ》い	世界《せかい》	開《ひら》ける		

연습문제 12

※ 다음 문장의 ○ 안에 ひらがな 1字씩 넣어 문장을 완성시키세요.

① あの 恐ろしい 不思議○ 物音は 日本海大海戦、軍艦○ 大砲○ 音だった。

② 東郷提督○ 命令一下○、露国○ バルチック艦隊○ 一挙○ 撃滅なさる ため○、大激戦○ 最中だった。

③ 妹○ こと○ いっぱい○ 半気違い○ ありさまだった。

④ 何○ 不吉○ 地獄○ 太鼓○ よう○ 気○ した。

⑤ 私は 顔○ 血○気○ 無くなった○○ 自分○ はっきり 意識いたしました。

⑥ こっそり あなた○ 枕元○ 置いといたの。

⑦ 一つ○ 引き出し○ 奥底○ 一束○ 手紙が 緑○ リボン○ きっちり 結ばれて 隠されて いる。

⑧ 手紙○ 表○○ M・Tさん○ お名前は 書かれて おりません。

⑨ 手紙○ 表○○ 差出人と して いろいろ○ 女○ 人○ 名前○ 記されて ある。

⑩ 妹○○ お友達○ 名前○ たくさん 聞いて おいて、次々○ その 数ある 名前○ 用いて 手紙○ 寄こして いた。

문형연습 8

※ 다음과 같은 문형의 문장을 만들어 보세요.

1。~する ための ~だ。

露国の バルチック艦隊を 一挙に 撃滅なさる ための、大激戦の 最中だった。

①

②

③

2。~ 気が して ~した。

何か 不吉な 地獄の 太鼓の ような 気が して、泣き続けて おりました。

①

②

③

3。~する ほど ~。

身震いする ほど 恐ろしい。

①

②

③

4。~にさえ ~した。

おしまいには 自分自身にさえ、広い 大きな 世界が 開けてくる ような 気が した。

①

②

③

본문의 내용 확인 8

※ 본문의 내용에 의거하여 다음 질문에 대해 일본어로 답하세요.

① おそろしい 不思議な 物音は 何の 音だったのですか。

→

② 姉が 半気違いの ありさまに なったのは、誰の ことの ためですか。

→

③ 姉が 妹の 箪笥を 整理した 時、箪笥の 引き出しの 奥底に 何が ありましたか。

→

④ M・Tと いう 人は、妹に 手紙を 出した 時、誰の 名前を 用いたのですか。

→

5.

私も、まだ その ころは 二十に なった ばかりで、若い 女と しての 口には 言えぬ 苦しみも、いろいろ あったので ございます。三十通 余りの、その 手紙を、まるで 谷川が 流れ走る ような 感じで、ぐんぐん 読んで いって、去年の 秋の、最後の 一通の 手紙を、読みかけて、思わず 立ちあがって しまいました。雷電に 打たれた 時の 気持ちって、あんな ものかも 知れませぬ。のけぞる ほどに、ぎょっと いたしました。妹たちの 恋愛は、心だけの ものでは なかったのです。もっと 醜く 進んで いたので ございます。私は、手紙を 焼きました。一通 残らず 焼きました。M・Tは、その 城下町に 住む、貧しい 歌人の 様子で、卑怯な ことには 妹の 病気を 知ると ともに、妹を 捨て、もう お互い 忘れて しまいましょう、など 残酷な こと 平気で その 手紙にも 書いて あり、それっきり、一通の 手紙も 寄こさないらしい 具合で ございましたから、これは、私さえ 黙って 一生 人に 語らなければ、妹は、きれいな 少女の ままで 死んで ゆける。だれも、ご存じ 無いのだ、と 私は 苦しさを 胸 一つに 収めて、けれども、その 事実を 知って しまってからは、なおの こと 妹が かわいそうで、いろいろ 奇怪な 空想も 浮かんで、私 自身、胸が うずく ような、甘酸っぱい、それは、いやな 切ない 思いで、あの ような 苦しみは、年ごろの 女の 人で なければ、わからない、生き地獄で ございます。まるで、私が 自身で、そんな 憂き目に 遇ったかの ように、私は、独りで 苦しんで おりました。あの ころは、私 自身も、ほんとに、少し、おかしかったので ございます。

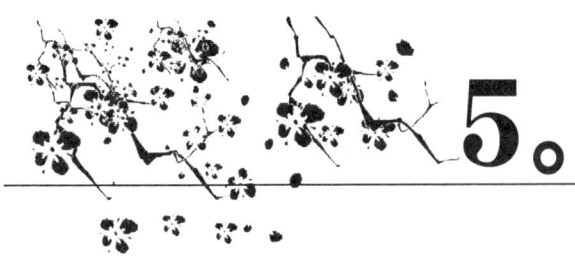

「姉さん、読んで ごらんなさい。なんの ことやら、あたしには、ちっとも わからない。」

私は、妹の 不正直を しんから 憎く 思いました。

「読んで いいの?」そう 小声で 尋ねて、妹から 手紙を 受け取る 私の 指先は、

当惑する ほど 震えて いました。開いて 読むまでも なく、私は、この 手紙の 文句を 知って おります。けれども 私は、何くわぬ 顔して それを 読まなければ いけません。手紙には、こう 書かれて あるのです。私は、手紙を ろくろく 見ずに、声立てて 読みました。

—— 今日は、あなたに おわびを 申し上げます。僕が 今日まで、我慢して あなたに お手紙 差し上げなかった わけは、すべて 僕の 自信の 無さからで あります。僕は、貧しく、無能で あります。あなた 一人を、どうして あげる ことも できないのです。ただ 言葉で、その 言葉には、みじんも うそが 無いので ありますが、ただ 言葉で、あなたへの 愛の 証明を するより ほかには、何一つ できぬ 僕 自身の 無力が、いやに なったのです。あなたを、一日も、いや 夢にさえ、忘れた ことは ないのです。けれども、僕は、あなたを、どうして あげる ことも できない。それが、つらさに、僕は、あなたと、お別れしようと 思ったのです。あなたの 不幸が 大きく なれば なる ほど、そうして 僕の 愛情が 深く なれば なる ほど、僕は あなたに 近づきにくく なるのです。おわかりでしょうか。僕は、決して、ごまかしを 言って いるのでは ありません。僕は、それを 僕 自身の 正義の 責任感からと 解して いました。けれども、それは、僕の まちがい。僕は、はっきり 間違って おりました。おわびを 申し上げます。僕は、あなたに 対して 完璧の 人間に なろうと、我欲を 張って いた だけの ことだったのです。僕たち、寂しく 無力なのだから、ほかに なんにも できないのだから、せめて 言葉だけでも、誠実 こめて お贈りするのが、まことの、謙譲の 美しい 生き方で ある、と 僕は 今では 信じて います。常に、自身に できる 限りの 範囲で、それを 成し遂げる ように 努力すべきだと 思います。どんなに 小さい ことでも よい。タンポポの 花 一輪の 贈り物でも、決して 恥じずに 差しだすのが、最も 勇気 ある、男らしい 態度で あると 信じます。僕は、もう 逃げません。僕は、あなたを 愛して います。毎日、毎日、歌を 作って お送りします。それから、毎日、毎日、あなたの お庭の 塀の 外で、口笛 吹いて、お聞かせしましょう。あしたの 晩の 六時には、早速 口笛、軍艦マーチ 吹いて あげます。僕の 口笛は、うまいですよ。今の ところ、それだけが、僕の 力で、わけなく できる 奉仕です。お笑いに なっては、いけません。いや、お笑いに なって 下さい。元気で いて 下さい。神様は、きっと どこかで 見て います。僕は、それを 信じています。あなたも、僕も、共に 神の 寵児です。きっと、美しい 結婚が できます。

待ち待ちて　今年咲きけり　桃の花　白と聞きつつ　花は紅なり
僕は 勉強して います。すべては、うまく いって います。では、また、明日。

M・T

어휘 및 漢字《かんじ》

苦《くる》しみ
最後《さいご》
気《き》持《も》ち
進《すす》む
様子《ようす》
など
黙《だま》る
ご存《ぞん》じ
かわいそうだ
うずい
生《い》き地獄《じごく》
ごらん
憎《にく》い
当惑《とうわく》
ろくろく
我慢《がまん》する
自信《じしん》
言葉《ことば》
ほか
いや
別《わか》れる
深《ふか》い
正義《せいぎ》
対《たい》して
寂《さび》しい
お~する
常《つね》
タンポポ
差《さ》しだす
逃《に》げる
送《おく》る
口笛《くちぶえ》
早速《さっそく》
~しては いけません
共《とも》に
咲《さ》く
勉強《べんきょう》

谷川《たにがわ》
読《よ》みかける
のけぞる
焼《や》く
卑怯《ひきょう》
残酷《ざんこく》
一生《いっしょう》
苦《くる》しさ
奇怪《きかい》
甘酸《あまず》っぱい
憂《う》き目《め》
~やら
小声《こごえ》
震《ふる》える
見《み》ずに(=見《み》ないで)
差《さ》し上《あ》げる
貧《まず》しい
みじん
無力《むりょく》
夢《ゆめ》
不幸《ふこう》
近《ちか》づく
責任感《せきにんかん》
完璧《かんぺき》
せめて
まこと
限《かぎ》る
花《はな》
最《もっと》も
愛《あい》する
それから
吹《ふ》く
うまい
下《くだ》さい
寵児《ちょうじ》
桃《もも》

流《なが》れ走《はし》る
思《おも》わず
ぎょっと
残《のこ》らず
捨《す》てる
平気《へいき》
語《かた》る
胸《むね》
空想《くうそう》
切《せつ》ない
遇《あ》う
ちっとも
尋《たず》ねる
開《ひら》く
声《こえ》立《た》てる
わけ
無能《むのう》
うそ
いや
けれども
大《おお》きい
~にくい
解《かい》する
人間《にんげん》
誠実《せいじつ》
謙譲《けんじょう》
範囲《はんい》
一輪《いちりん》
勇気《ゆうき》
毎日《まいにち》
庭《にわ》
聞《き》かせる
~だけ
元気《げんき》
結婚《けっこん》
白《しろ》

感《かん》じ
雷電《らいでん》
恋愛《れんあい》
貧《まず》しい
互《たが》い
~きり
きれいだ
収《おさ》める
浮《うか》ぶ
苦《くる》しむ
ほんと(=ほんとう)
不正直《ふしょうじき》
受《う》け取《と》る
文句《もんく》
わび
すべて
あげる
愛《あい》
なる
あなた
そう
決《けっ》して
間違《まちが》う
我欲《がよく》
こめる
生《い》き方《かた》
成《な》し遂《と》げる
贈《おく》り物《もの》
~らしい
歌《うた》
塀《へい》
~ましょう
奉仕《ほうし》
神様《かみさま》
待《ま》つ
聞《き》く

ぐんぐん
打《う》つ
醜《みにく》い
歌人《かじん》
忘《わす》れる
具合《ぐあい》
少女《しょうじょ》
事実《じじつ》
胸《むね》
年《とし》ごろ
おかしい
しん
指先《ゆびさき》
何《なに》くわぬ
申《もう》し上《あ》げる
僕《ぼく》
ただ
証明《しょうめい》
一日《いちにち》
つらい
愛情《あいじょう》
ごまかし
はっきり
張《は》る
贈《おく》る
信《しん》じる
努力《どりょく》
恥《は》じる
態度《たいど》
作《つく》る
外《そと》
晩《ばん》
笑《わら》う
きっと
今年《ことし》
紅《あか》

연습문제 13

※ 다음 문장의 ○ 안에 ひらがな 1字씩 넣어 문장을 완성시키세요.

① 私も まだ その ころは 二十○ なった ばかり○、若い 女と しての 口○○ 言えぬ 苦しみも いろいろ あった。

② 去年○ 秋○ 最後○ 一通○ 手紙○ 読みかけました。

③ 手紙○ 焼きました。

④ M・Tは その 城下町○ 住む 貧しい 歌人です。

⑤ 妹は きれい○ 少女○ まま○ 死んで ゆける。

⑥ 私は 妹○ 不正直○ しん○○ 憎く 思いました。

⑦「読んで いいの?」そう 小声○ 尋ねて、妹○○ 手紙○ 受け取った。

⑧ あなた○ おわび○ 申し上げます。

⑨ 僕は あなた○ 対して 完璧○ 人間○ なろう○ 我欲○ 張って いた。

⑩ 常○ 自身○ できる 限り○ 範囲○ それ○ 成し遂げる よう○ 努力すべきです。

연습문제 14

※ 다음 예문과 같이 보기에서 적당한 말을 골라 (　　　) 안에 써 넣으세요.

僕は あなた 一人を (どう) して あげる ことも できないのです。

【보기】 どう, どっち, どこ, どの, どれ, どんな

① おすしと てんぷらでは、(　　　　)が いいですか。
② その 石は (　　　　)に がんばっても もちあげられなかった。
③ 日が くれるまでに (　　　　)しても 村に 着かなければ ならない。
④ 駅の 改札口を 出る 時、切符を (　　　　) ポケットに 入れたのか 思い出せず 苦労した。
⑤ (　　　　)だけ 勉強しても、勉強に 終りは ありません。

문형연습 9

※ 다음과 같은 문형의 문장을 만들어 보세요.

1。～は ～からで ある。

あなたに お手紙 差し上げなかった わけは、すべて 僕の 自信の 無さからで あります。

①

②

③

2。～すれば する ほど ～する。

僕の 愛情が 深く なれば なる ほど、僕は あなたに 近づきにくく なる。

①

②

③

3。~すべきだと 思う。

常に 自身に できる 限りの 範囲で それを 成し遂げる ように 努力 すべきだと 思います。

①

②

③

4。~しては いけない。

お笑いに なっては いけません。

①

②

③

본문의 내용 확인 9

※ 본문의 내용에 의거하여 다음 질문에 대해 일본어로 답하세요.

① 姉は 妹の 箪笥の 引き出しの 中から 出て きた 手紙を 読んでから、その 手紙を どう しましたか。

→

② M・Tさんが 妹を 捨てたのは なぜですか。

→

③ M・Tさんが 住んで いる ところは どこですか。

→

④ M・Tさんの 仕事《しごと》は 何ですか。

→

5。

「姉さん、あたし 知って いるのよ。」妹は、澄んだ 声で そう つぶやき、「ありがとう、姉さん、これ、姉さんが 書いたのね。」
私は、あまりの 恥ずかしさに、その 手紙、千々に 引き裂いて、自分の 髪を くしゃくしゃ 引きむしって しまいたく 思いました。いても 立っても おられぬ、とは あんな 思いを 指して 言うのでしょう。私が 書いたのだ。妹の 苦しみを 見かねて、私が、これから 毎日、M・Tの 筆跡を まねて、妹の 死ぬ 日まで、手紙を 書き、下手な 和歌を、苦心して 作り、それから 晩 六時には、こっそり 塀の 外へ 出て、口笛 吹こうと 思って いたのです。
恥ずかしかった。下手な 歌みたいな ものまで 書いて、恥ずかしゅう ございました。身も 世も、あらぬ 思いで、私は、すぐには 返事も、できませんでした。
「姉さん、心配 なさらなくても、いいのよ。」妹は、不思議に 落ちついて、崇高な くらいに 美しく 微笑して いました。「姉さん、あの 緑の リボンで 結んであった 手紙を 見たのでしょう? あれは、ウソ。あたし、あんまり 寂しいから、おととしの 秋から、独りで あんな 手紙 書いて、あたしに あてて 投函して いたの。姉さん、ばかに しないでね。青春と いう ものは、ずいぶん 大事な ものなのよ。あたし、病気に なってから、それが、はっきり わかって きたの。独りで、自分あての 手紙なんか 書いてる なんて、汚い。あさましい。ばかだ。あたしは、ほんとうに 男の 方と、大胆に 遊べば、よかった。あたしの 体を、しっかり 抱いて もらいたかった。姉さん、あたしは 今まで 一度も、恋人どころか、よその 男の 方と 話して みた ことも なかった。姉さんだって、そうなのね。姉さん、あたしたち まちがって いた。お利口 すぎた。ああ、死ぬ なんて、いやだ。あたしの 手が、指先が、髪が、かわいそう。死ぬ なんて、いやだ。いやだ。」
私は、悲しいやら、怖いやら、うれしいやら、恥ずかしいやら、胸が いっぱいになり、わからなく なって しまいまして、妹の やせた 頬に、私の 頬を ぴったり押しつけ、ただ もう 涙が 出て きて、そっと 妹を 抱いて あげました。その 時、ああ、聞えるのです。低く かすかに、でも、たしかに、軍艦マーチの 口笛で ございます。妹も、耳を すましました。ああ、時計を 見ると 六時なのです。私たち、言い知れぬ 恐怖に、強く 強く 抱き合った まま、身じろぎも せず、その お庭の 葉桜の 奥から 聞えて くる 不思議な マーチに 耳を すまして おりました。

神様は、在る。きっと、いる。私は、それを 信じました。妹は、それから 三日目に 死にました。医者は、首を かしげて おりました。あまりに 静かに、早く 息を 引き取ったからで ございましょう。けれども、私は、その 時、驚かなかった。何もかも 神様の、おぼしめしと 信じて いました。

今は、── 年取って、もろもろの 物欲が 出て きて、お恥ずかしゅう ございます。信仰とやらも 少し 薄らいで まいったので ございましょうか、あの 口笛も、ひょっと したら、父の 仕業では なかったろうかと、なんだか そんな 疑いを 持つ ことも ございます。学校の お勤めから お帰りに なって、隣りの お部屋で、私たちの 話を 立ち聞きして、ふびんに 思い、厳酷の 父としては 一世一代の 狂言したのでは なかろうか、と 思う ことも、ございますが、まさか、そんな ことも ないでしょうね。父が 在世中 なれば、問いただす ことも できるのですが、父が 亡くなって、もう、かれこれ 十五年にも なります ものね。いや、やっぱり神様の お恵みで ございましょう。

私は、そう 信じて 安心して おりたいので ございますけれども、どうも、年取って くると、物欲が 起こり、信仰も 薄らいで まいって、いけないと 存じます。

太宰 治の『新樹の言葉』より

어휘 및 漢字《かんじ》

あたし
つぶやく
髪《かみ》
指《さ》す
下手《へた》
塀《へい》
みたい
心配《しんぱい》
微笑《びしょう》
寂《さび》しい
投函《とうかん》
病気《びょうき》
あさましい
遊《あそ》ぶ
今《いま》
まちがう
指先《ゆびさき》
胸《むね》
押《お》しつける
聞《き》こえる
マーチ
恐怖《きょうふ》
せず(=しないで)
きっと
首《くび》
驚《おどろ》く
もろもろ
まいる
持《も》つ
部屋《へや》
厳酷《げんこく》
問《と》いただす
安心《あんしん》
信仰《しんこう》

知《し》る
あまり
くしゃくしゃ
見《み》かねる
和歌《わか》
外《そと》
身《み》
なさる
緑《みどり》
おととし
ばか
はっきり
ほんとう
体《からだ》
一度《いちど》
利口《りこう》
かわいそう
いっぱい
ただ
低《ひく》い
耳《みみ》
強《つよ》い
庭《にわ》
信《しん》じる
かしげる
何《なに》もかも
物欲《ぶつよく》
ひょっと
学校《がっこう》
話《はなし》
一世一代《いっせいちだい》
亡《な》くなる
どうも
薄《うす》らぐ

澄《す》む
恥《は》ずかしい
引《ひ》きむしる
これから
苦心《くしん》
出《で》る
世《よ》
不思議《ふしぎ》
リボン
秋《あき》
青春《せいしゅん》
わかる
男《おとこ》
しっかり
恋人《こいびと》
すぎる
悲《かな》しい
やせる
涙《なみだ》
かすか
すます
抱《だ》き合《あ》う
葉桜《はざくら》
それから
静《しず》か
おぼしめし
信仰《しんこう》
仕業《しわざ》
勤《つと》め
立《た》ち聞《き》き
狂言《きょうげん》
かれこれ
年取《としと》る
まいる

声《こえ》
千々《ち》に
おる
筆跡《ひっせき》
晩《ばん》
口笛《くちぶえ》
すぐ
落《お》ちつく
結《むす》ぶ
独《ひと》り
ずいぶん
自分《じぶん》
方《かた》
抱《だ》く
よそ
死《し》ぬ
～やら
頬《ほお》
そっと
たしか
時計《とけい》
まま
奥《おく》
三日目《みっかめ》
息《いき》
今《いま》
少《すこ》し
なんだか
帰《かえ》る
ふびん
まさか
やっぱり
物欲《ぶつよく》
いけない

そう
引《ひ》き裂《さ》く
～ぬ
まねる
こっそり
吹《ふ》く
返事《へんじ》
崇高《すうこう》
うそ
あてる
大事《だいじ》
汚《きた》ない
大胆《だいたん》
もらう
話《はな》す
いやだ
怖《こわ》い
ぴったり
時《とき》
軍艦《ぐんかん》
言《い》い知《し》れぬ
身《み》じろぎ
神様《かみさま》
医者《いしゃ》
引《ひ》き取《と》る
年取《としと》る
薄《うす》らぐ
疑《うたが》い
隣《とな》り
思《おも》う
在世中《ざいせいちゅう》
恵《めぐ》み
起《お》こる
存《ぞん》じる

연습문제 15

※ 다음 문장의 ○ 안에 ひらがな 1字씩 넣어 문장을 완성시키세요.

① 私は あまり○ 恥ずかしさ○ その 手紙○ 千々○ 引き裂いて、自分○ 髪○ くしゃくしゃ 引きむしって しまいたく 思いました。

② 下手○ 和歌○ 苦心して 作りました。

③ 晩 六時○○ こっそり 塀○ 外○ 出て、口笛○ 吹こう○ 思って いた。

④ 下手○ 歌みたい○ もの○○ 書きました。

⑤ 妹は 不思議○ 落ちついて 崇高○ くらい○ 美しく 微笑して いました。

⑥ 姉さん、あの 緑○ リボン○ 結んで あった 手紙○ 見たのでしょう?

⑦ あたし あんまり 寂しい○○ おととし○ 秋○○ 独り○ あんな 手紙○ 書いて、あたし○ あてて 投函して いた。

⑧ あたしは ほんとう○ 男○ 方○ 大胆○ 遊べば よかった。

⑨ 妹○ やせた 頬○ 私○ 頬○ ぴったり 押しつけました。

⑩ お庭○ 葉桜○ 奥○○ 聞えて くる 不思議○ マーチ○ 耳○ すまして おりました。

연습문제 16

※ 다음 예와 같이 아래 문장의 (　　　) 안에 적당한 단어의 형태를 써 넣으세요.

私は 妹の やせた 頬に 私の 頬を ぴったり 押しつけ そっと 妹を 抱いて (あげ) ました。

① 私は 友達から 本を (　　　)ました。
② 友達は 私に 本を (　　　)ました。
③ 先生は 全員に 作文を 書いて (　　　)ました。
④ 淳くんは 一杯の かけそばと いう 題で 書いて (　　　)ました。
⑤ 私は 妹を 学校まで 送って (　　　)ました。
⑥ いなかの 母から お金を 送って (　　　)ました。
⑦ 私は 花に 水を (　　　)ました。
⑧ 先生は 私の 誕生日に プレゼントを (　　　)ました。
⑨ 会長に ごあいさつを して (　　　)ました。
⑩ 友達は 家まで 私の カバンを 持って (　　　)ました。
⑪ 私は 友達に 家まで カバンを 持って (　　　)ました。

문형연습 10

※ 다음과 같은 문형의 문장을 만들어 보세요.

1。형용사＋ござる。

下手な 歌みたいな ものまで 書いて 恥ずかしゅう ございました。

①

②

③

2。～しないでね。

姉さん、ばかに しないでね。

①

②

③

3。～してから ～した。

あたし、病気に なってから、それが はっきり わかって きた。

①

②

③

4。～して、もう かれこれ ～に(も) なる。

父が 亡くなって、もう かれこれ 十五年にも なります。

①

②

③

본문의 내용 확인 10

※ 본문의 내용에 의거하여 다음 질문에 대해 일본어로 답하세요.

① 最後の M・Tからの 手紙は ほんとうは だれが 書きましたか。

→

② なぜ、①の ように しましたか。

→

③ 今まで M・Tから 来た 手紙は だれが 書いた ものですか。

→

④ 父が 亡くなってから かれこれ もう 何年に なりますか。

→

6。若い娘

娘ばかり 五人。

これを 虫に 食われない ように 育て上げて、それぞれ 適当な 家に 嫁(かた)づけると いう ことに なると、親に とっては たいへんな 負担で ある。

しかも、美保子(みほこ)の 場合、住宅だけは あったが、亡夫の 残した 山林から上がる 少しばかりの 収入と、あとは 自分が 仕立物を して 得る 手間賃だけで、五人の 娘たちの 始末を つけて やらなければ ならなかったのだから、まったく、並み一通りの 苦心では なかった。

だが、美保子は その 難事を やり通した。四人の 娘は それぞれ 嫁づき、いま家には、末娘の カナ子が 残って いる だけだった。家族が 口を 過ごす ことだけは、なんとか できたが、娘たちに 十分な 嫁入りじたくも して やれない 美保子に とっては、五人の 娘たちの 婿探しを する ことは、ほんとに 頭痛の 種だったのである。ところが、それが 案ずる ほどの ことも なく スラスラと 片づき、美保子は 四人の 娘に それぞれ 本人たちも 納得の いく 恋愛結婚を させたので あった。

美保子の 立てた 計画は――、家計を 助ける 意味も あって、二階の 八畳に 高等学校の 学生を 一人、あるいは 二人、下宿させ、相手の 人柄を 見て、上の 娘から 順に その 世話を させると いう ことで あった。学生たちに して みれば、故郷を 遠く 離れて、なんの 刺戟(しげき)も ない 地方の 都市で 学生生活を送って いる、なにかと 不自由でも あれば 寂しくも ある、そう いう 環境の 中で 下宿の 年ごろの 娘から 親切に されれば、感情を 呼びさまされるのは 当然の ことで あった。しかも、美保子の 娘たちは、みんな 顔だちも よく、頭の はたらきも わるく なかったから……。

ともかく、そんな ふうに して、上の 娘から 一人ずつ、下宿の 学生と 結婚していったのである。男が 大学に はいってる 間に 結婚したのも あれば、大学を 卒業するまでの 三、四年間、婚約者の 関係を つづけて いたのも ある。一番目の娘が さいさきの よい スタートを 切ると、つぎの 娘たちも、家庭の 事情と にらみ合わせて、以心伝心に その 道を 選び、自分たちの 身の 始末を つけていったのである。

と いうと、たいへん 簡単に 事が 運んだ ようで あるが、それは 決して なまやさしい ことでは なかった。男が ロクでなしでも あると、下宿してる 間、娘をもてあそばれたと いう 結果に なりやすいからだった。そう いう 例が、すぐ 目の 前にも いくつか あった。

美保子が、そう いう 方法で、上の 娘 二人を 嫁づけた ころ、町内では「あそこでは 娘を 売り物に して 男を 曳(ひ)っぱって いる」などと 悪口を 言った ものだ。年ごろの 娘を もって いる 主婦たちは、嫉(ねた)み 半分、ことに わるい 噂を 言いふらした。大学出の 夫を もつと いう ことは、そこら あたりの 娘たちに して みれば、玉の 輿(こし)に 乗る ような ものだったからだ。ところで、美保子の やり方が 二人までも 成功したのを 見せつけられると、これまで 悪口を言ってた 母親たちの 中には、自分の 家でも その やり方を まねる 者が 出るように なった。まねて みて、かれらは、はじめて、美保子の とった 方法が、楽な ものでは ない ことが わかったのである。学生が 東京の 大学に はいると、それぎり 娘が 捨てられたり、中には 妊娠させられて うっちゃられる 者も できたり した。

それが、美保子の 家では、二人どころか、四人まで うまく 縁が まとまったのだから、蔭で 糸を ひく 美保子は もちろん、娘たちも その 薫陶を 受けて、それぞれ 人間が 利口だったと 言わなければ ならない。

어휘 및 漢字《かんじ》

娘《むすめ》	虫《むし》	食《く》う	育《そだ》て上《あ》げる	それぞれ
適当《てきとう》	かた(嫁)づける	親《おや》	~に とって	たいへん
負担《ふたん》	しかも	場合《ばあい》	住宅《じゅうたく》	亡父《ぼうふ》
残《のこ》す	山林《さんりん》	上《あ》がる	~ばかり	収入《しゅうにゅう》
自分《じぶん》	仕立物《したてもの》	得《え》る	手間賃《てまちん》	始末《しまつ》を つける
まったく	並《な》み一通《ひととお》り	苦心《くしん》	難事《なんじ》	やり通《とお》す
末娘《すえむすめ》	残《のこ》る	家族《かぞく》	口《くち》を 過《す》ごす	十分《じゅうぶん》
嫁入《よめい》りじたく	婿探《むこさが》し	頭痛《ずつう》	種《たね》	案《あん》ずる
すらすら	片《かた》づく	本人《ほんにん》	納得《なっとく》	恋愛結婚《れんあいけっこん》
立《た》てる	計画《けいかく》	家計《かけい》	助《たす》ける	意味《いみ》
二階《にかい》	八畳《はちじょう》	高等学校《こうとうがっこう》	学生《がくせい》	下宿《げしゅく》
相手《あいて》	人柄《ひとがら》	順《じゅん》	世話《せわ》	故郷《こきょう》
遠《とお》い	離《はな》れる	刺戟《しげき》	地方《ちほう》	都市《とし》
学生生活《がくせいせいかつ》	送《おく》る	不自由《ふじゆう》	寂《さび》しい	環境《かんきょう》
年《とし》ごろ	親切《しんせつ》	感情《かんじょう》	呼《よ》びさます	当然《とうぜん》
みんな	顔《かお》だち	頭《あたま》	はたらき	わるい
ともかく	ふう	男《おとこ》	大学《だいがく》	間《あいだ》
卒業《そつぎょう》	三四年間《さんよねんかん》	婚約者《こんやくしゃ》	関係《かんけい》	つづける
一番目《いちばんめ》	さいさき	スタートを 切《き》る	家庭《かてい》	事情《じじょう》
にらみ合《あ》わせる	以心伝心《いしんでんしん》	道《みち》	選《えら》ぶ	身《み》
簡単《かんたん》	事《こと》	運《はこ》ぶ	決《けっ》して	なまやさしい
ろくでなし	もてあそぶ	結果《けっか》	~しやすい	例《れい》
すぐ	前《まえ》	いくつ	方法《ほうほう》	町内《ちょうない》
売《う》り物《もの》	ひっぱる	悪口《わるくち》	年《とし》ごろ	主婦《しゅふ》
ねたみ	半分《はんぶん》	噂《うわさ》	言《い》いふらす	大学出《だいがくで》
夫《おっと》	そこら	あたり	玉《たま》	輿《こし》
乗《の》る	やり方《かた》	成功《せいこう》	見《み》せつける	母親《ははおや》
まねる	者《もの》	出《で》る	楽《らく》	東京《とうきょう》
それぎり	捨《す》てる	妊娠《にんしん》	うっちゃる	うまい
縁《えん》	まとまる	蔭《かげ》	糸《いと》	引《ひ》く
もちろん	薫陶《くんとう》	受《う》ける	人間《にんげん》	利口《りこう》

연습문제 17

※ 다음 문장의 ○ 안에 ひらがな 1字씩 넣어 문장을 완성시키세요.

① 娘○ 虫○ 食われない よう○ 育て上げて、適当○ 家○ かたづける○ いう こと○ なる○、親○ とって○ たいへん○ 負担で ある。

② 自分が 仕立物○ して 得る 手間賃だけ○、五人○ 娘たち○ 始末○ つけて やらなければ ならない。

③ それが 案ずる ほど○ ことも なく スラスラ○ 片づき、美保子は 四人○ 娘○ それぞれ 本人たちも 納得○ いく 恋愛結婚○ させた。

④ 二階○ 八畳○ 高等学校○ 学生○ 下宿させ、相手○ 人柄○ 見て、上○ 娘○ ○ 順○ その 世話○ させる。

⑤ 故郷○ 遠く 離れて、なん○ しげきも ない 地方○ 都市○ 学生生活○ 送っている。

⑥ そう いう 環境○ 中○ 下宿○ 年ごろ○ 娘○○ 親切○ されれば、感情○ 呼びさまされる○は 当然○ こと○ あった。

⑦ 一番目○ 娘○ さいさき○ よい スタート○ 切る○、つぎ○ 娘たちも、家庭○ 事情○ にらみ合わせて、以心伝心○ その 道○ 選び、自分たち○ 身○ 始末○ つけて いった。

⑧ 町内では「あそこ○○ 娘○ 売り物○ して 男○ ひっぱって いる」など○ 悪口○ 言った。

⑨ 大学出○ 夫○ もつ○ いう ことは、そこら あたり○ 娘たち○ して みれば、玉○ こし○ 乗る よう○ ものだ。

⑩ まねて みて、かれらは、美保子○ とった 方法が、楽○ ものでは ない こと○ わかった。

문형연습 11

※ 다음과 같은 문형의 문장을 만들어 보세요.

1。~ことに なると、~に とっては ~で ある。

これを 虫に 食われない ように 育て上げて、それぞれ 適当な 家に かたづけると いう ことに なると、親に とっては たいへんな 負担で ある。

①

②

③

2。~の 場合、~だけは あった。

美保子の 場合、住宅だけは あった。

①

②

③

3。~は ~に ~を させた。

美保子は 四人の 娘に それぞれ 本人たちも 納得の いく 恋愛結婚を させた。

①

②

③

4。~は 玉の こしに 乗る ような ものだ。

大学出の 夫を もつと いう ことは、そこら あたりの 娘たちに して みれば、玉の こしに 乗る ような ものだ。

①

②

③

본문의 내용 확인 11

※ 본문의 내용에 의거하여 다음 질문에 대해 일본어로 답하세요.

① 美保子さんの 娘は 何人ですか。
また、その うち 結婚したのは 何人ですか。
→

② 美保子さんの 収入とは 何ですか。
→

③ 美保子さんに とって 頭痛の 種だったのは 何ですか。
→

④ 美保子さんの 娘たちの 結婚の 相手は すべて どんな 人だったのですか。
→

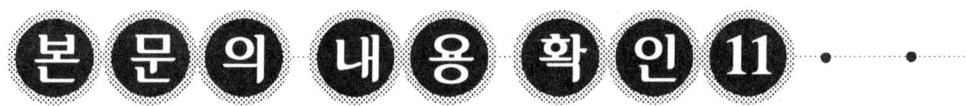

6。

さまざまな 気質の 学生たちが 下宿した。それに 対して、美保子の 娘たちも みんな 性質が 異なって いたが、しかし、人生から 多くを 貪らない、忍耐心が 強いと いう 点では、娘たちは 共通して いた。彼女らは 自己を 強く 主張する ことよりも、女と 生まれて、健康な、生活能力の ある 男と 結婚して、家庭を 営み、子供を 生み育てる —— そう いう 大きな 義務を 果たす 忍従の 心もちが 強かったのである。

だから、自分の 順番に まわって きた 学生が、常識的で 健康な 人間で ある かぎり、娘たちは、むずかしい 選り好みを せず、つましい 控え目な 愛情を 注ぐ ことが できたのである。

学生たちの 中には、皇室中心主義を 説く 者も あり、共産主義を 説く 者も あり、医者に なろうと する もの、新聞記者に なろうと する もの、さまざまで あった。それに 対して、美保子の 娘たちは、思想的には 無色な 立場に あり、強いて 言えば、夫中心主義の 思想で あった。

青年たちが、口で どんな 思想を 語ろうと、若い 娘に 愛情を 寄せる 妨げに なりは しない。彼と 彼女の 表看板の 思想が、正反対な もので あっても、二人は 熱烈に 愛し合う ことが できるのだ。—— ともかく、そんな ふうで、四人の 娘たちは つぎつぎと 縁を つかんで 結婚した。

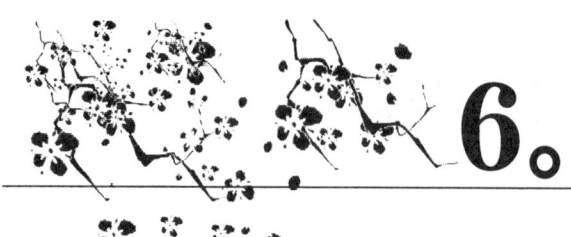

結婚して しまうと、四人とも、母親から めんどうを みて もらう 自分の 順番が 終わった ことを 知って いたので、初産の 時も 家に 帰らず、たいていの 苦労に 堪えて、新世帯の 切りもりを して いった。舅、姑に 仕えてる 娘も あったが、それに ついて 苦情一つ 言って 寄越すでは なかった……。

さて、今度は、五番目の カナ子の 番で あるが、これは どうも 型破りで、いままでどおりには いかない ようだった。末ッ子で、みんなから 甘やかされて 育ったし、それに 物の 考え方が まるで 一変した 戦後の 混乱した 社会の 中で 年ごろを 迎えた せいか、ひどく ハッキリして、わがままな 所が あったからだ。(わがままと いうのは 美保子が 嘆いて いった 言葉で ある) また、その ころは、家族の 人数も 少なく なり、先に 嫁づいた 娘たちからの 仕送りも あったり したので、美保子の 家計も いくらか 楽に なって おり、そう いう 点でもカナ子は のびのびと 育てられたので あった。
二つ違いの 四番目の 姉が、師範大学の 卒業生と 結婚して、二人で 任地に 出発して しまうと、美保子の 家庭は、母と 娘と 二人ぎりに なって しまった。
「さびしいね。…… やっぱり 誰か 学生さんを 二階に 置こうかしら……。女ばかりでは、まさかの 時に 不用心だからねえ……」
十日ばかり 二人ぎりで 暮らした ころ、美保子は 晩の 食事の 時に、ふと そう言いだした。女手一つで、娘たちを 育て上げ、苦労は 多かった はずだが、暮らし方が 上手なのか、四十四と いう 年に しては、身体の 動きが しなやかで、若々しかった。顔だちも 整って おり、目の 光に つやが あった。
「また 男の 学生?…… もう いいわよ、お母さん。私、結婚の 相手なら、よそで見つけて 来るわよ。蜘蛛みたいに 巣を 張って いて、それに 男の 学生が ひっかかるのを 待ってる なんて、どうかと 思うわ。…… 私は イヤ」
カナ子は 母親に 似た 下ぶくれの 顔だちだった。色が 白く、二重瞼の 眼が きれいに 澄んで 豊かな 表情を 湛えて おり、顎や 耳が 厚く 滑らかなのが ことに 魅力的だった。ゆっくり 育てられた せいか、身体つきは 母親に 似合わず のびのびと 発達して おり、鹿の 足の ように よく 伸びた 四肢は、すわってる 時など、長すぎて 持てあまして いる ように 思われた。そして、物の 考え方まで、型に 嵌らず 奔放な ところが あった。
「そんな 生意気 言って……。男も 女も、どうせ 結婚しなければ いけないんだし、そんなら 気心の 知り合った 同士が いっしょに なるのが いちばん いいんじゃ ないか……」
「だって、姉さんたち、あまり 単純すぎるわよ。お母さんの 作った 鳥籠の 中に、メスと オスと 入れられたら、いつの 間にか 夫婦に なって いた。…… みんな

そんなんじゃ ないの。男って だめな もンね。口先では エラそうな ことを 言ってるけど、お母さんの 仕掛けた ワナに はまらなかった 人が 一人も ないんだから……。でも、私は オトリに なりたくは ないの。私は 意地でも、うちの 下宿人で ない 人と 結婚する つもり……」

「そりゃあ お前の 勝手だけどね。…… でも、ワナだの オトリだのと、悪い 言葉を 使って もらいたく ないね。私は 実力の ない、迷惑に なる ような 娘を、ゴマ化(か)して 押しつけた ことは 一ぺんだって ないんだからね。お前に したって その とおり……」

「そりゃあ そうよ。私も 同じ 年ごろの 娘の 中では、よく できた 方よ。でも、五番目の 私までが、姉さんたちの あとを 追うのは まっぴらだわ。私は 馴らされた 温順(おとな)しい 家畜の ような 女には なりたくは ないの……」

「好きな ように おし。…… でも、収入の 問題も あり、不用心でも あるし、いい人が 見つかれば 二階に 下宿させるからね」

「いいわ。お母さんの 家ですもの……。でも、今度は、四十か 五十の 男の 人を置いたら どうかしら?」

「そして どう するんだね?」

「今度は お母さんが 結婚の 相手を 見つけるのよ。いままで、私たちの ために、寂しいのを 我慢して こられたんだし、もう 子供たちも 一人前に なったから、今度は お母さんの 番だと いう 意味よ」

「あきれたね、お前には——」

「でも、ホラ、新聞や 雑誌には よく、未亡人の 性の 悩みなんて 出てるじゃ ないの。お母さんにも あるでしょう、男の 人を 欲しいと 思った ことが……」

「そりゃあね、お前たちを 育てて いる 間に、思案に あまって、こう いう 時、相談相手に なる 男の 人でも おったら——と 思った ことは 何べんも ありますよ……」

「そんな こと 以外にもね……。でも、もう 言わないわ。母親の 尊厳を 傷つけると いけないから……」

「あきれた 子だねえ……」

そう いう 美保子の 顔には、明るい 苦笑が にじみ出て いた。ほかの 娘と 違って、カナ子は こちらの 胆を 冷やさせる ような 突っ込んだ ことも 言うが、それだけ 隠し立てが なくて 正直な 所も あり、娘たちの 中で いちばん 頼りに なる ような 気が した……。

어휘 및 漢字《かんじ》

さまざま	気質《きしつ》	下宿《げしゅく》	対《たい》する	みんな
性質《せいしつ》	異《こと》なる	人生《じんせい》	多《おお》く	貪《むさぼ》る
忍耐心《にんたいしん》	強《つよ》い	点《てん》	共通《きょうつう》	彼女《かのじょ》
自己《じこ》	主張《しゅちょう》	生《う》まれる	健康《けんこう》	生活能力《せいかつのうりょく》
結婚《けっこん》	家庭《かてい》	営《いとな》む	子供《こども》	生《う》み育《そだ》てる
義務《ぎむ》	果《は》たす	忍従《にんじゅう》	心《こころ》もち	強《つよ》い
自分《じぶん》	順番《じゅんばん》	まわる	常識的《じょうしきてき》	人間《にんげん》
選《え》り好《ごの》み	つましい	控《ひか》え目《め》	愛情《あいじょう》	注《そそ》ぐ
皇室中心主義《こうしつちゅうしんしゅぎ》	説《と》く	者《もの》	共産主義《きょうさんしゅぎ》	医者《いしゃ》
新聞記者《しんぶんきしゃ》	思想的《しそうてき》	無色《むしょく》	立場《たちば》	強《し》いる
夫中心主義《おっとちゅうしんしゅぎ》	青年《せいねん》	語《かた》る	若《わか》い	寄《よ》せる
妨《さまた》げ	表看板《おもてかんばん》	正反対《せいはんたい》	熱烈《ねつれつ》	愛《あい》し合《あ》う
ともかく	つぎつぎ	縁《えん》	つかむ	四人《よにん》
めんどう	終《お》わる	初産《ういざん》	帰《かえ》る	たいてい
苦労《くろう》	堪《た》える	新世帯《しんせたい》	切《き》りもり	舅《しゅうと》
姑《しゅうとめ》	仕《つか》える	苦情《くじょう》	寄越《よこ》す	今度《こんど》
五番目《ごばんめ》	型破《かたやぶ》り	末《すえ》っ子《こ》	甘《あま》やかす	育《そだ》つ
物《もの》	考《かんが》え方《かた》	まるで	一変《いっぺん》	戦後《せんご》
混乱《こんらん》	社会《しゃかい》	年《とし》ごろ	迎《むか》える	せい
ひどい	はっきり	わがまま	所《ところ》	嘆《なげ》く
言葉《ことば》	家族《かぞく》	人数《にんずう》	少《すく》ない	先《さき》
仕送《しおく》り	家計《かけい》	いくら	楽《らく》	点《てん》
のびのび	育《そだ》てる	二《ふた》つ違《ちが》い	姉《あね》	師範大学《しはんだいがく》
卒業生《そつぎょうせい》	任地《にんち》	出発《しゅっぱつ》	家庭《かてい》	誰《だれ》
二階《にかい》	置《お》く	まさか	不用心《ふようじん》	十日《とおか》
暮《くら》す	晩《ばん》	食事《しょくじ》	ふと	言《い》いだす
女手《おんなて》	はず	暮《く》らし方《かた》	上手《じょうず》	身体《からだ》

어휘 및 漢字《かんじ》

動《うご》き	しなやか	若々《わかわか》しい	顔《かお》だち	整《ととの》う
光《ひかり》	つや	また	相手《あいて》	よそ
見《み》つける	蜘蛛《くも》	巣《す》	張《は》る	ひっかかる
待《ま》つ	いや	母親《ははおや》	似《に》る	下《しも》ぶくれ
色《いろ》	二重瞼《ふたえまぶた》	目《め》	きれい	澄《す》む
豊《ゆた》か	表情《ひょうじょう》	湛《たた》える	顎《あご》	耳《みみ》
厚《あつ》い	滑《なめ》らか	魅力的《みりょくてき》	身体《からだ》つき	似合《にあ》う
発達《はったつ》	鹿《しか》	足《あし》	伸《の》びる	四肢《しし》
すわる	~すぎる	持《も》てあます	型《かた》	嵌《はま》る
奔放《ほんぽう》	生意気《なまいき》	どうせ	そんなら(=それなら)	気心《きごころ》
知《し》り合《あ》う	同士《どうし》	いっしょ	いちばん	単純《たんじゅん》
作《つく》る	鳥籠《とりかご》	めす	おす	間《ま》
夫婦《ふうふ》	だめ	口先《くちさき》	えらい	~(し)そうだ
仕《し》掛《か》ける	わな	はまる	おとり	意地《いじ》
つもり	勝手《かって》	言葉《ことば》	使《つか》う	実力《じつりょく》
迷惑《めいわく》	ごまかす	押《お》しつける	そりゃ(=それは)	同《おな》じ
年《とし》ごろ	できる	方《ほう》	五番目《ごばんめ》	追《お》う
まっぴら	馴《なら》す	おとなしい	家畜《かちく》	収入《しゅうにゅう》
問題《もんだい》	不用心《ふようじん》	今度《こんど》	置《お》く	相手《あいて》
寂《さび》しい	我慢《がまん》	一人前《いちにんまえ》	番《ばん》	意味《いみ》
あきれる	新聞《しんぶん》	雑誌《ざっし》	未亡人《みぼうじん》	性《せい》
悩《なや》み	欲《ほ》しい	育《そだ》てる	思案《しあん》	相談相手《そうだんあいて》
以外《いがい》	母親《ははおや》	尊厳《そんげん》	傷《きず》つける	苦笑《くしょう》
にじみ出《で》る	違《ちが》う	胆《きも》	冷《ひ》やす	突《つ》っ込《こ》む
隠《かく》し立《だ》て	正直《しょうじき》	頼《たよ》り		

연습문제 18

※ 다음 문장의 ○ 안에 ひらがな 1字씩 넣어 문장을 완성시키세요.

① 女○ 生まれて、健康な、生活能力○ ある 男○ 結婚して、家庭○ 営み、子供○ 生み育てる。

② 自分○ 順番○ まわって きた 学生が、常識的○ 健康○ 人間○ ある かぎり、娘たちは、むずかしい 選り好み○ せず、つましい 控え目○ 愛情○ 注ぐ こと○ できた。

③ 学生たち○ 中○○、皇室中心主義○ 説く 者も あり、共産主義○ 説く 者もあり、医者○ なろう○ する もの、新聞記者○ なろう○ する もの、さまざまで あった。

④ それ○ 対して、美保子○ 娘たちは、思想的○○ 無色○ 立場○ あり、強いて言えば、夫中心主義○ 思想で あった。

⑤ 青年たちが、口○ どんな 思想○ 語ろう○、若い 娘○ 愛情○ 寄せる 妨げ○なり○ しない。

⑥ 彼○ 彼女○ 表看板○ 思想が、正反対○ もの○ あって○、二人は 熱烈○ 愛し合う こと○ できる。

⑦ 結婚して しまう○、四人○○、母親○○ めんどう○ みて もらう 自分○ 順番○ 終わった こと○ 知って いた。

⑧ 二つ違い○ 四番目○ 姉が、師範大学○ 卒業生○ 結婚して、二人○ 任地○ 出発して しまう○、美保子○ 家庭は、母○ 娘○ 二人ぎり○ なって しまった。

⑨ ほか○ 娘○ 違って、カナ子は こちら○ 胆○ 冷やさせる よう○ 突っ込んだ ことも 言う。

⑩ それだけ 隠し立てが なくて 正直○ 所も あり、娘たち○ 中○ いちばん 頼り○ なる よう○ 気○ した。

문형연습 12

※ 다음과 같은 문형의 문장을 만들어 보세요.

1。～は ～が 異なって いたが、～と いう 点では 共通して いた。

美保子の 娘たちは みんな 性質が 異なって いたが、忍耐心が 強いと いう 点では、共通して いた。

①

②

③

2。私、～なら、～する。

私、結婚の 相手なら、よそで 見つけて 来るわよ。

①

②

③

3。~した せいか、~は ~して いる。

ゆっくり 育てられた せいか、身体つきは 母親に 似合わず のびのびと 発達して いる。

①

②

③

4。~の ために、~を ~したんだ。

私たちの ために、寂しいのを 我慢して こられたんだ。

①

②

③

본문의 내용 확인 12

※ 본문의 내용에 의거하여 다음 질문에 대해 일본어로 답하세요.

① 美保子さんの 娘たちに 共通して いる ことは 何ですか。

→

② 四番目の 姉と 五番目の カナ子は 何才違いですか。

→

③ 美保子さんは 何才ですか。

→

④ 美保子さんが 二階に 学生を 下宿させたい たてまえの 理由は 何ですか。

→

6。

親子の 間に、そんな 話し合いが あって 間もなく、ある 日、カナ子が 洋裁学校から 帰って 来ると、玄関に 赤皮の 男靴が 脱いで あった。

「お客さんなの、お母さん?」

「いえ、ね、二階を ただ あけて おくのは もったいないし、それに 女ばかりでは不用心だから、医大の 学生さんを 下宿に 置く ことに したんだよ。川崎さんと言って、岡山の いい 家の 息子さんだ そうで、あと 二年で 御卒業だって……」と、美保子は、とぼけた、まじめくさった 調子で 言った。

「あら、もう……。それで、私の お婿さん 候補者は 男ぶりは どうなの?」と、カナ子は 大きな 声で 言った。

すると、美保子は なんとも 言わない うち、その 質問に 答えるかの ように、ミシミシと いう 足音を 響かせて、二階から 新しい 下宿人が 下りて 来た。黒の学生ズボンに、グレーの ジャケツを 着て おり、肩幅が ひろく、眉毛が 濃く、男らしい 容貌の 学生だった。腕に 釘箱を 抱えて いる。

「小母さん、ありがとう ございました。やっと 飾りつけが できました……」

「あっ、川崎さん、娘の カナ子で ございます。不束者ですが、どうぞ、よろしく……。カナ子、川崎さんですよ……」

「や、はじめまして……」

川崎は、畳に 膝を 折って ていねいに 挨拶を したが、カナ子は なにか 怒ってる ような ムッと した 顔で、ひどく 粗雑に 頭を 下げた。

「カナ子は あとで 川崎さんの お室に 花を いけて 上げなさい。……。お庭の 菊で いいでしょう。それから 川崎さん、食事の お膳は 二階に 運びますか、それとも 私どもと いっしょに なさいますか……」

「ごいっしょの 方が 寂しく なくて いいです」

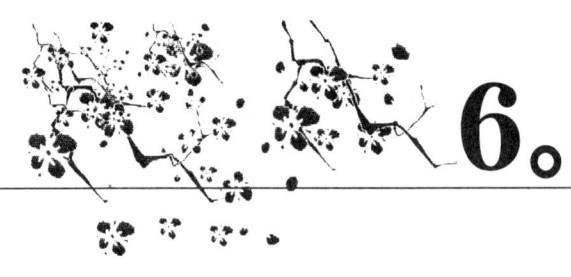

そう 答えるのを 聞いて、カナ子は (なんて 情けないんだろう、自分から 網に かかりたがって いるんだから……)と 思った。

カナ子が 裏庭で 菊を 採って、花瓶に いけ、二階に 上がって いくと、川崎は窓に 腰を 下ろして、遠くの 山を 眺めて いた。室は、それほど 上等な つくりでは ないが、美保子の 丹精で よく 磨かれて おり、住心地が わるく なさそうだった。その 中に、机、本箱など 学生道具が 置かれ、ゴッホの 絵や 仏像の 写真などが、壁に 掲げられて あった。

よく 晴れた 晩秋の 午後で、川崎が 腰を 下ろして いる 窓の すぐ 外には、葉が 落ちつくした 柿の 木の 枝が、黒い 強い デッサンで 中空に 浮かび上がっており、赤い 実が 二つ、まるく つやつやと 光って 生(な)って いた。裏庭つづきの 隣家の 軒下には、冬の 漬物用の 大根が、縄に つるされて 下がって いたが、陽を 浴びてる せいか、耀(かがや)く ように 白かった。街の 屋根の 波を 越えた 遠くの 山々は、霜枯れた 寂しい 色を して いる。

「この お花、どこに 置きますの?」

「ありがとう。どこでも……。どこに 置けば 室が ひき立つか、僕よりも 貴女の方が 御存じでしょうから。……今日は よく 晴れてるけど、雪が 降るのも 間がありませんね」

「ええ―」

カナ子は、本箱の 上に 載って いた 細かな 品物を 片づけて、その 上に 菊を生けた 花瓶を 載せた。それから、ふと すわり直して、川崎の 方を まっすぐに眺めて、

「あの、私、はじめの うち 川崎さんに ハッキリ 申し上げて おきたい ことが ございますの」

「はあ……なんでしょう?」と、川崎は 組んで いた 足を ほどいて、けげんそうにカナ子の 方に 向き直った。

「それはですね、これから ごいっしょに 暮らすんですから、私、川崎さんの ために、ボタンを つけて あげるとか、洗濯を して あげるとか、ちょっと した サーヴィスを して あげるでしょうが、それに 対して 貴方が、たまに 映画や 中華そ

ばを 奢るとか、お休みで 帰省した 時に、郷里の 名産を おみやげに 持ちかえるぐらいの 御礼は しても 差支えないんですが、感謝の 気持が 嵩じて、私に 惚れたりしては いけません。……それを 今から ハッキリと お断りして おきますわ」

「はあ……」

川崎は 呆然と した 表情を した。しかし、べつに 赤くは ならない ところを 見ると、相当な 好男子なので、女の 友だちが たくさん あるか、それとも 病院で 看護婦たちに 接して いるので、若い 女には 慣れて いるのだろうと カナ子は 思った。

「そりゃあ 貴女が そう しろと おっしゃれば、そう しますよ。つまり、惚れても、決まった 人が あるから むだだと いう わけなんですね」

「あら。そう つむじの 曲がった 考え方を するもんじゃ ありません。べつに 私、きまった 愛人なんて ありませんけど、下宿の 娘と 仲良く なる なんて、あまりに ありふれた 陣腐な ことだからですわ。胸から ゲップが 出そうに 陣腐な ことですわ……」

「なるほど。……しかしですね、ありふれてる、古くさいって 言えば、若い 男と 女が、いろいろ しちめんどうくさい ような 理窟を 言い合いながら、結局、つぎつぎと 夫婦に なって いく。——これほど ありふれた 陣腐な ことは ないと 思いますがね」

「まあ……。それでは 貴方は 私に 惚れる おつもりですか?」

「そりゃあ わかりません。そう するなと 貴女が おっしゃるから、たぶん そんな ことには ならないだろうと 思いますけど……。ただ 僕は、何千 何億万の 人間が 経験した ことで あっても、それを 自分たちが 誠実に 経験しようと する 場合、少しも ありふれては おらず、陳腐な ものでは ないと いう 僕の 考え方を ハッキリさせたかったのです……。それが 自分の 誠実な 経験で ある かぎり、いつも 新鮮な ものだと 思います。われわれが 飯を 食う ことだって、考えようでは 陳腐極まりない ことですけど、しかし 人間で ある かぎり、それを 止める わけには いきませんからね」

어휘 및 漢字《かんじ》

親子《おやこ》	話《はな》し合《あ》い	洋裁学校《ようさいがっこう》	玄関《げんかん》	赤皮《あかがわ》
男靴《おとこぐつ》	脱《ぬ》ぐ	お客《きゃく》	もったいない	医大《いだい》
学生《がくせい》	置《お》く	川崎《かわさき》	岡山《おかやま》	息子《むすこ》
御卒業《ごそつぎょう》	とぼける	まじめくさい	調子《ちょうし》	お婿《むこ》
候補者《こうほしゃ》	質問《しつもん》	答《こた》える	足音《あしおと》	響《ひび》く
新《あたら》しい	下宿人《げしゅくにん》	下《お》りる	黒《くろ》	グレー
ジャケツ	着《き》る	肩幅《かたはば》	眉毛《まゆげ》	濃《こ》い
容貌《ようぼう》	腕《うで》	釘箱《くぎばこ》	抱《かか》える	小母《おば》さん
飾《かざ》りつけ	不束者《ふつつかもの》	畳《たたみ》	膝《ひざ》	折《お》る
ていねい	挨拶《あいさつ》	怒《おこ》る	粗雑《そざつ》	頭《あたま》
下《さ》げる	室《しつ》	花《はな》	いける	お庭《にわ》
菊《きく》	食事《しょくじ》	お膳《ぜん》	運《はこ》ぶ	いっしょ
なさる	寂《さび》しい	聞《き》く	情《なさ》けない	自分《じぶん》
網《あみ》	かかる	〜たがる	裏庭《うらにわ》	採《と》る
花瓶《かびん》	上《あ》がる	窓《まど》	腰《こし》	下《お》ろす
遠《とお》く	眺《なが》める	上等《じょうとう》	丹精《たんせい》	磨《みが》く
住《す》む	〜心地《ごこち》	机《つくえ》	本箱《ほんばこ》	学生道具《がくせいどうぐ》
ゴッホ	絵《え》	仏像《ぶつぞう》	写真《しゃしん》	壁《かべ》
掲《かか》げる	晴《は》れる	晩秋《ばんしゅう》	午後《ごご》	葉《は》
落《お》ちる	柿《かき》	枝《えだ》	デッサン	中空《なかぞら》

어휘 및 漢字《かんじ》

浮《う》かび上《あ》がる	実《み》	光《ひか》る	隣家《となりいえ》	軒下《のきした》
冬《ふゆ》	漬物用《つけものよう》	大根《だいこん》	縄《なわ》	つるす
陽《ひ》	浴《あ》びる	街《まち》	屋根《やね》	波《なみ》
越《こ》える	霜枯《しもか》れる	ひき立《た》つ	僕《ぼく》	貴女《あなた》
御存《ごぞん》じ	雪《ゆき》	降《ふ》る	間《ま》	載《の》る
細《こま》かな	品物《しなもの》	片《かた》づける	生《い》ける	載《の》せる
ふと	すわり直《なお》す	まっすぐ	申《もう》し上《あ》げる	組《く》む
ほどく	けげん	向《む》き直《なお》る	暮《く》らす	ボタン
洗濯《せんたく》	サーヴィス	貴方《あなた》	たまに	映画《えいが》
中華《ちゅうか》そば	奢《おご》る	帰省《きせい》	郷里《きょうり》	名産《めいさん》
みやげ	御礼《おれい》	差支《さしつか》え	感謝《かんしゃ》	気持《きもち》
嵩《こう》じる	惚《ほ》れる	断《ことわ》り	呆然《ぼうぜん》	表情《ひょうじょう》
相当《そうとう》	好男子《こうだんし》	病院《びょういん》	看護婦《かんごふ》	接《せっ》する
若《わか》い	慣《な》れる	おっしゃる	決《き》まる	むだ
つむじ	曲《ま》がる	考《かんが》え方《かた》	愛人《あいじん》	仲良《なかよ》い
ありふれる	陳腐《ちんぷ》	胸《むね》	ゲップ	古《ふる》くさい
しちめんどうくさい	理窟《りくつ》	言《い》い合《あ》い	結局《けっきょく》	つぎつぎ
夫婦《ふうふ》	何千《なんぜん》	何億万《なんおくまん》	人間《にんげん》	経験《けいけん》
誠実《せいじつ》	場合《ばあい》	新鮮《しんせん》	飯《めし》	食《く》う
極《きわ》まり	止《と》める			

연습문제 19

※ 다음 문장의 ○ 안에 **ひらがな** 1字씩 넣어 문장을 완성시키세요.

① カナ子が 洋裁学校○○ 帰って 来る○、玄関○ 赤皮○ 男靴が 脱いで あった。

② 二階○ ただ あけて おく○は もったいない○、それ○ 女ばかり○○ 不用心だ○○、医大○ 学生さん○ 下宿○ 置く こと○ したんだ。

③ 美保子は、とぼけた、まじめくさった 調子○ 言った。

④ 美保子は なん○○ 言わない うち、その 質問○ 答える○○ よう○、ミシミシ○ いう 足音○ 響かせて、二階○○ 新しい 下宿人が 下りて 来た。

⑤ 川崎は、畳○ 膝○ 折って ていねい○ 挨拶○ した○、カナ子は なに○ 怒ってる ような ムッと した 顔○、ひどく 粗雑○ 頭○ 下げた。

⑥ カナ子は あと○ 川崎さん○ お室○ 花○ いけて 上げなさい。

⑦ カナ子は 裏庭○ 菊○ 採って、花瓶○ いけ、二階○ 上がって 行った。

⑧ 裏庭つづき○ 隣家○ 軒下○○、冬○ 漬物用○ 大根が、縄○ つるされて 下がって いた。

⑨ 川崎は 組んで いた 足○ ほどいて、けげんそう○ カナ子○ 方○ 向き直った。

⑩ 女○ 友だちが たくさん ある○、それとも 病院○ 看護婦たち○ 接して いるので、若い 女○○ 慣れて いるのだろう○ カナ子は 思った。

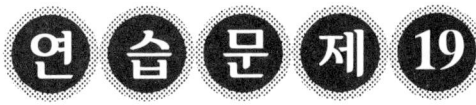

문형연습 13

※ 다음과 같은 문형의 문장을 만들어 보세요.

1。～し、～(だ)から、～したんだ。

二階を ただ あけて おくのは もったいないし、それに 女ばかりでは 不用心だから、医大の 学生さんを 下宿に 置く ことに したんだよ。

①

②

③

2。～ように ～して ～した。

その 質問に 答えるかの ように、ミシミシと いう 足音を 響かせて、二階から 新しい 下宿人が 下りて 来た。

①

②

③

3。～方が ～なくて いい。

ごいっしょの 方が 寂しく なくて いいです。

①

②

③

4。～の ために ～とか ～とか ～する。

私、川崎さんの ために、ボタンを つけて あげるとか、洗濯を して あげるとか、ちょっと した サーヴィスを して あげる。

①

②

③

본문의 내용 확인 13

※ 본문의 내용에 의거하여 다음 질문에 대해 일본어로 답하세요.

① カナ子が 通って いる ところは どこですか。

→

② 川崎の 故郷は どこですか。

→

③ 川崎は カナ子に ていねいに 挨拶を したが、カナ子は 川崎に ムッと した 顔で 粗雑に 挨拶を した 理由は 何ですか。

→

④ カナ子が 川崎に はじめの うち、はっきり 言って おきたがった こととは 何ですか。

→

6.

カナ子は 川崎の 言う ことは 正しいと 思った。しかし、自分の 感情も ウソ いつわりの ない ものだと 信じて いた。

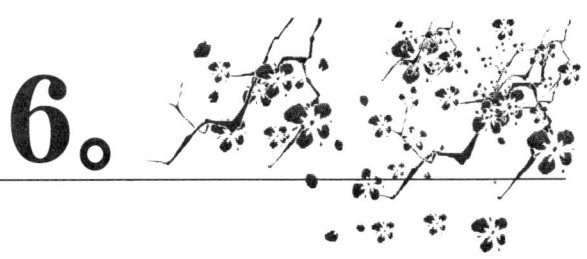

「理論的には 川崎さんの おっしゃる とおりでしょう。でも、私の 気持ち、理窟が どうでも 変えられない ものなんですわ。……私には 四人 姉が ありました。それが みんな、この 室に 下宿して いた 学生さんに 恋を されて、結婚を したんです。と いうのは、私たちの 母は、娘を 五人 抱えた 貧しい 未亡人ですから、そう いう 方法で 娘たちの 縁組を まとめるのが いちばん いいと 考えたわけなんです。

旅先の 下宿で、そこの 娘に 親切に される。すると、太郎も 次郎も 三郎も 四郎も、サルトル派も マルクス派も キューリー派も、みんな 判で 捺した ように、その 娘に 恋を して 結婚した。四人が そんな ふうに して 嫁づいて、あとには 私 一人だけ 残った。そう すると、今度は 貴方が この 室に おはいりに なった。……ね、川崎さんは、ネギを 背負った カモなんですよ……」

「僕が…… カモですか…… 貴女がたに 食べられる……」と、川崎は ニコニコ 笑いながら、おだやかに 言った。

「いいえ、私は 食べや しませんわ。貴方に こちらの 仕掛けの 種明かしを したんですから、いまさら そんな……。貴方も どうぞ、平凡な 三文小説の 人物の ような 心理に 陥らないで くださいよ。四組の 男女は、みんな その 窓に 腰かけ、その 壁に もたれ、その 囲炉裏に かけた 炬燵に もぐって、恋を 語り合ったんですわ。四組とも レコードに 吹きこんで ある ような きまりきった 恋の セリフを ささやき合って…… おそらく……。そんな わけで、この 室の 壁にも 天井板にも 畳にも 唐紙にも、恋の 匂いが 滲(し)みこんで おりますから、ポンツクな 人間でしたら、この 室に 住んでる 間に、それに 感染して 自分も ポウと の

ぼせあがって しまいますわ。で、五人目の 川崎さんは、もっと 自意識の 豊かなインテリで あって ほしいと 思いますし、私も 姉たちの ように 通俗な コースを 辿りたく ないと 思って おりますの……」

「わかりました。カナ子さんは ずいぶん 自我の 強い 人なんですね。要するに、僕は 貴女に 惚れなければ いいんでしょうね……。貴女の ように 美しい 方と 朝晩 住んで いて、そう いう 感情を 抑制する ことは、たいへん むずかしい ことだと 思いますが……」

「あら。お口前が いい こと。……これじゃあ カモが ネギを 背負って 舞いこんで来たのでは なく、ドロボウ猫が 獲物を 狙って 忍びこんで 来た ことに なるかも しれないわ。要心要心……」

「ドロボウ猫。……恐れ入ったな。カナ子さん。こう なったら 僕も 正直に 申しますが、じつは ここに 来る 前、貴女の 姉さんたちが どんなに して 結婚したかって いう 噂は、僕も 聞いて おりましたよ。こんな 小さな 町で、美しい 姉妹が 五人も そろって おれば、われわれ 学生 仲間では 一つの 伝説に なって、つぎつぎに 語り伝えられますからね。……そこへ、こちらで 五人目の 下宿人を 探してると いう 話が あった。医科の 学生に かぎると いう。ハハア、五番目は 医者に 嫁づける つもりだなと 推量した わけです。ところで、こちらに 下宿したいと いう 希望者が 三人 出た。三人とも、街で たびたび 貴女を 見かけて いるのです。そこで、三人で ジャンケンを したら、僕が 勝って、こちらに お世話に なる ことに なったのです。……たしかに ドロボウ猫ですね。網を 張ってたのは こちらなんです。貴女は 美しい 蝶々です……」

「まあ、驚いた。……ジャンケンで 女が 獲(と)られると 思う なんて、ずいぶん 虫が いいのね。今夜から 寝室に 鍵を かけて やすみます……。とつぜんですが。川崎さんは 医者と して 何を 専攻なさるの?」

「婦人科です……」

「まあ、貴方は 一つ一つ、私を イヤがらせる ために できてる ような かたですわ。どうして 婦人科など お選びに なりましたの?」

「僕は 元来 非常な 婦人崇拝者(フェミニスト)なんです。ことに 若い 御婦人のね。それが 年ごろの 健康な 女性で ありさえすれば、僕には その 人が、貝殻にのった ヴィナスの ように 完全な すばらしい 女性に 思えるのです……」

「だいたい そう いう ものですわ、私ども 若い 女性って ——。それを 男が しだいに だめに して しまうんです」

「あいすみません。……ところで、僕が 婦人科を 専攻に したのは、天使や 女神の ように すばらしく 思われる 婦人でも、動物の メスと しての、素朴で 原始的な 生理から 脱却できないで いるのだと いう ことを、しょっちゅう 自分に 確かめさせて おきたかったからです。つまり、女性と いう ものを、高からず 低からず、正確に 理解したかったからです……」

「なんだか 意味ありげですのね。私は また 女の 身体を のぞきたいからでは なかったのかしら —— と 思ったりして いましたわ」

「失礼!」

「失礼。……さあ、はじめに これだけ 諒解しあって おいて、この あと 私たちは 仲良く 暮らす ことに いたしましょう……」

어휘 및 漢字《かんじ》

正《ただ》しい	自分《じぶん》	感情《かんじょう》	ウソ	いつわり
信《しん》じる	理論的《りろんてき》	気持《きも》ち	理窟《りくつ》	変《か》える
恋《こい》	結婚《けっこん》	抱《かか》える	貧《まず》しい	未亡人《みぼうじん》
方法《ほうほう》	縁組《えんぐみ》	旅先《たびさき》	親切《しんせつ》	太郎《たろう》
次郎《じろう》	三郎《さぶろう》	四郎《しろう》	サルトル派《は》	マルクス
キューリー	判《はん》	捺《お》す	残《のこ》る	今度《こんど》
ネギ	背負《せお》う	カモ	ニコニコ	笑《わら》う
おだやか	仕掛《しか》け	種明《たねあ》かし	平凡《へいぼん》	三文小説《さんもんしょうせつ》
人物《じんぶつ》	心理《しんり》	陥《おちい》る	四組《よんくみ》	男女《だんじょ》
窓《まど》	腰《こし》かける	壁《かべ》	囲炉裏《いろり》	炬燵《こたつ》
もぐる	語《かた》り合《あ》う	レコード	吹《ふ》きこむ	セリフ
ささやく	天井板《てんじょういた》	畳《たたみ》	唐紙《からかみ》	匂《にお》い
ポンツク	感染《かんせん》	のぼせあがる	自意識《じいしき》	豊《ゆた》か
インテリ	通俗《つうぞく》	コース	辿《たど》る	自我《じが》
強《つよ》い	惚《ほ》れる	美《うつく》しい	朝晩《あさばん》	感情《かんじょう》
抑制《よくせい》	口前《くちまえ》	舞《ま》いこむ	ドロボウ猫《ねこ》	獲物《えもの》
狙《ねら》う	忍《しの》びこむ	要心《ようじん》	恐《おそ》れ入《い》る	正直《しょうじき》
噂《うわさ》	町《まち》	姉妹《しまい》	そろう	仲間《なかま》
伝説《でんせつ》	語《かた》り伝《つた》える	探《さが》す	医科《いか》	学生《がくせい》
医者《いしゃ》	推量《すいりょう》	希望者《きぼうしゃ》	街《まち》	たびたび
見《み》かける	ジャンケン	勝《か》つ	お世話《せわ》	たしか
網《あみ》	張《は》る	蝶々《ちょうちょう》	驚《おどろ》く	ずいぶん
虫《むし》が いい	今夜《こんや》	寝室《しんしつ》	鍵《かぎ》	専攻《せんこう》
婦人科《ふじんか》	イヤがる	選《えら》ぶ	元来《がんらい》	非常《ひじょう》
若《わか》い	御婦人《ごふじん》	健康《けんこう》	女性《じょせい》	貝殻《かいがら》
ヴィナス	完全《かんぜん》	すばらしい	天使《てんし》	女神《めがみ》
動物《どうぶつ》	メス	素朴《そぼく》	原始的《げんしてき》	生理《せいり》
脱却《だっきゃく》	確《たし》かめる	正確《せいかく》	理解《りかい》	意味《いみ》
～ありげ	のぞく	失礼《しつれい》	諒解《りょうかい》	仲良《なかよ》い
暮《く》らす				

연습문제 20

※ 다음 문장의 ○ 안에 ひらがな 1字씩 넣어 문장을 완성시키세요.

① それが みんな、この 室○ 下宿して いた 学生さん○ 恋○ されて、結婚○ したんです。

② 私たち○ 母は、娘○ 五人 抱えた 貧しい 未亡人ですから、そう いう 方法○ 娘たち○ 縁組○ まとめるの○ いちばん いい○ 考えた わけなんです。

③ 旅先○ 下宿○、そこ○ 娘○ 親切○ される。

④ 太郎○ 次郎○ 三郎○ 四郎○、サルトル派○ マルクス派○ キューリー派○、みんな 判○ 捺した よう○、その 娘○ 恋○ して 結婚した。

⑤ 今度は 貴方が この 室○ おはいり○ なった。

⑥ 私は 貴方○ こちら○ 仕掛け○ 種明かし○ したんです。

⑦ 平凡○ 三文小説○ 人物○ よう○ 心理○ 陥らないで くださいよ。

⑧ 四組○ 男女は、みんな その 窓○ 腰かけ、その 壁○ もたれ、その 囲炉裏○ かけた 炬燵○ もぐって、恋○ 語り合ったんですわ。

⑨ 五人目○ 川崎さんは、もっと 自意識○ 豊か○ インテリ○ あって ほしい○ 思います。

⑩ 僕が 婦人科○ 専攻○ した○は、天使○ 女神○ ように すばらしく 思われる 婦人でも、動物○ メス○ しての、素朴○ 原始的○ 生理○○ 脱却できないでいるのだ○ いう こと○、しょっちゅう 自分○ 確かめさせて おきたかった○○です。

연 습 문 제 21

※ 보기 중에서 가장 적합한 것을 골라, 다음 문장의 ○○ 안에 넣으세요.

【보기】 しか・だけ・でも・こそ・さえ

① 頼りに できるのは 君○○ いない。

② この前 この 市に 来た 時は、夜○○ みんなが 歌を 歌って、町は にぎやかだった。

③ 北海亭は 商売繁盛の なかで、店内改装を する ことに なり、テーブ ルや 椅子も 新しく したが、あの 二番テーブル○○は その まま 残した。真新しいテーブルが 並ぶ なかで、一脚○○ 古いテーブルが 中央に 置かれて いる。

④ ただ 言葉で、あなたへの 愛の 証明を するよりほかには、何一つ できぬ 僕自身の 無力が、いやに なったのです。あなたを、一日も、いや 夢に○○、忘れた ことは ないのです。

⑤ お茶○○ 飲もうか。

⑥ こんど○○ まけないぞ。

⑦ メロスも 満面 喜色を たたえ、しばらくは 王との 約束○○ 忘れて いた。

⑧ 商売繁盛の うちに 迎えた その 翌年の 大晦日の 夜、北海亭の 主人と 女将は、たがいに 口に○○ 出さないが、九時半を すぎた ころより、そわそわ 落ち着かない。

⑨ みんな 判で 捺した ように、その 娘に 恋を して 結婚した。四人が そんなふうに して 嫁づいて、あとには 私 一人○○ 残った。

⑩ 口では どんな 大きな こと○○ 言える。

문형연습 14

※ 다음과 같은 문형의 문장을 만들어 보세요.

1。~が いちばん いいと 考える。

そう いう 方法で 娘たちの 縁組を まとめるのが いちばん いいと 考えたわけなんです。

①

②

③

2。~や しない。

私は 食べや しませんわ。

①

②

③

3。～して ほしい。

川崎さんは、もっと 自意識の 豊かな インテリで あって ほしい。

①

②

③

4。～するなんて、ずいぶん 虫が いい。

ジャンケンで 女が とられると 思う なんて、ずいぶん 虫が いいのね。

①

②

③

본문의 내용 확인 14

※ 본문의 내용에 의거하여 다음 질문에 대해 일본어로 답하세요.

① 母(美保子)が 娘たちを 結婚させる ために 一番 いいと 考えた こととは 何ですか。

→

② 川崎が カナ子に 対して 大変 難しいと 言ったのは どう いう ことですか。

→

③ 川崎は 医者としての 専攻は 何ですか。

→

④ 川崎が 婦人科を 専攻した 理由は 何ですか。

→

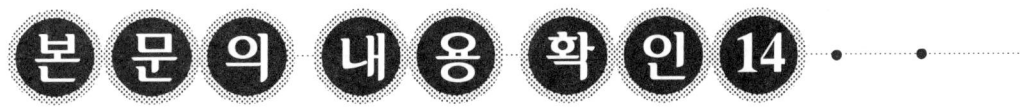

6。

カナ子は、桜色に 頬を 染めて、勝ちほこった 様子で 階下(した)の 居間に 下りて 来た。美保子は そこで、綿入れの 縫い物を ひろげて いたが、カナ子を くすぐったそうに 見上げて、

「だいぶ 話しこんで おいでの ようだったが、お前、川崎さんを 前から ご存じなのかい?」

「いいえ。今日 はじめてよ。……あとで めんどうが 起こらない ように、こちらのカラクリを みんな お話し して あげたの」

「カラクリ?」

「ええ、貴方は 狙われてますから 気を 注(つ)けなさいって……」

「ホホホ……。そしたら──?」

「そしたら、ずうずうしいのね、向こうも こちらの 家の ことを 調べ、私を どこかで 見かけた ことが あって、ここへ 来たんですって……。いまどきの 学生って油断が ならないのね。うちも そうだから 怒る わけにも いかないんだけど……」

「お前の 気が すむ ように なさい。でも、あんまり 風変わった ことを しないがいいよ。その あおりが みんな 自分に かえって くるから……」

それから 三月ばかり 経った。

その 間に、下界は 深い 雪に 閉ざされて しまった。カナ子の 家の 居間には、深い 炬燵が 掘られ、海老茶の 毛布に 腰から 下を 包んで、川崎と カナ子が 向かい合って すわって いた。

カナ子は 紺色の ズボンに 白い ジャケツを 着て いるが、雪国の 娘たちが たいてい そうで ある ように、秋の ころに 較べると いちだんと 肉が ついて、頬などは 赤ぐろい つやを 放って 光って いる。一と 口 噛(かじ)って みたい ほどである。

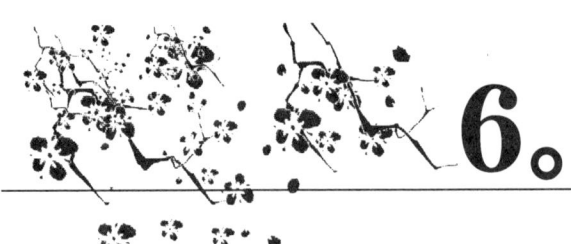

川崎は 絣の 和服を 着て、なんとなく 鉢巻を しめて いた。そして、短く なった 煙草を 惜しそうに スパスパ 吸って いる。

戸外は 雪降りらしく、とくべつな 静寂が みなぎり、柱時計の 音が きわ立って高く 聞こえて いる。カナ子は 編み物を して いたが、ふと、その 手を 止めて、厳しい 目つきで 相手を 眺め、

「川崎さん、さっきから 三度ばかり 貴方の 足が 触ったんだけど、偶然ですか、意識してですか、気を 注(つ)けて ください。炬燵に 芽生える 恋なんて、卑俗きわまりない ものですからね。この 炬燵でも、何べんも それが あったんですわ。足が 触り、手が 握られ……おお、カビが 生えそうに 陳腐な 筋道の 恋愛だわ」

川崎は びっくりした ように、鉢巻を はずして 肩に かけた。

「おたがいの 足の 先が 触った ことは 知ってましたけど、僕は それに ついて、貴女が 触ったのか 僕が 触ったのか、考えてた とこなんです。どっちとも 思える 微妙な 触り方でしたからね。……ああ、静かだなあ、こう して 雪に 埋れて いると、生きて いると いう ことを しみじみと 感じさせられますね」

「センチに ならないで ください。炬燵の 中で センチに なるのは 危険ですよ」

「カナ子さんは 残酷ですねえ」

「いえ、通俗で ないだけですわ。……川崎さん、そんな 目つきで 私を 見ないで ください。それが 間違いの はじまりなんです。代々の 学生たちが そう いう 目つきで、姉たちを 見つめて、型どおりに 恋愛し、結婚し、家庭を 営んで……」

「ああ」

「そう いう 嘆息を つかないで ください。そう いう 嘆息が 間違いの もとに なるんです……」

「カナ子さん」と、川崎は 憤然とした 調子で 叫んで、二本の 足を 炬燵から ひいて 畳の 上に すわり直した。そして、頭痛でも する ように、鉢巻を きつく 締めた。

어휘 및 漢字《かんじ》

桜色《さくらいろ》	頬《ほお》	染《そ》める	勝《か》ちほこる	様子《ようす》
居間《いま》	綿《めん》入《い》れ	縫《ぬ》い物《もの》	くすぐったい	見《み》上《あ》げる
めんどう	起《お》こる	カラクリ	狙《ねら》う	ずうずうじい
向《む》こう	調《しら》べる	油断《ゆだん》	怒《おこ》る	風変《ふうが》わる
経《た》つ	下界《げかい》	深《ふか》い	閉《と》ざす	炬燵《こたつ》
掘《ほ》る	海老茶《えびちゃ》	毛布《もうふ》	腰《こし》	包《つつ》む
向《む》かい合《あ》う	紺色《こんいろ》	ズボン	ジャケツ	雪国《ゆきぐに》
較《くら》べる	肉《にく》	赤《あか》ぐろい	つや	放《はな》つ
光《ひか》る	絣《かすり》	和服《わふく》	鉢巻《はちまき》	煙草《たばこ》
惜《お》しい	スパスパ	吸《す》う	戸外《とがい》	とくべつ
静寂《せいじゃく》	みなぎる	柱時計《はしらどけい》	音《おと》	きわ立《だ》つ
聞《きこ》える	編《あ》み物《もの》	止《と》める	厳《きび》しい	目《め》つき
相手《あいて》	眺《なが》める	三度《さんど》	触《さわ》る	偶然《ぐうぜん》
意識《いしき》	芽《め》生《ば》える	卑俗《ひぞく》	握《にぎ》る	生《は》える
陳腐《ちんぷ》	筋道《すじみち》	恋愛《れんあい》	びっくりする	はずす
肩《かた》	微妙《びみょう》	静《しず》か	埋《うも》れる	生《い》きる
しみじみ	感《かん》じる	センチ	危険《きけん》	残酷《ざんこく》
通俗《つうぞく》	間違《まちが》い	代々《だいだい》	型《かた》	家庭《かてい》
営《いとな》む	嘆息《たんそく》	憤然《ふんぜん》	調子《ちょうし》	叫《さけ》ぶ
畳《たたみ》	頭痛《ずつう》	締《し》める		

연습문제 22

※ 다음 문장의 ○ 안에 ひらがな 1字씩 넣어 문장을 완성시키세요.

① カナ子は 桜色○ 頬○ 染めて、勝ちほこった 様子○ 階下○ 居間○ 下りて 来た。

② あと○ めんどう○ 起こらない よう○、こちら○ カラクリ○ みんな お話しして あげた。

③ 向こうも こちら○ 家○ こと○ 調べ、私○ どこか○ 見かけた こと○ あって、ここ○ 来たんですって。

④ 下界は 深い 雪○ 閉ざされて しまった。

⑤ カナ子○ 家○ 居間○は、深い 炬燵○ 掘られ、海老茶○ 毛布○ 腰○○ 下○包んで、川崎○ カナ子が 向かい合って すわって いた。

⑥ 秋○ ころ○ 較べる○ いちだん○ 肉○ ついて、頬などは 赤ぐろい つや○放って 光って いる。

⑦ 川崎は 短く なった 煙草○ 惜しそう○ スパスパ 吸って いる。

⑧ 川崎は びっくりした よう○、鉢巻○ はずして 肩○ かけた。

⑨ 炬燵○ 中○ センチ○ なる○は 危険ですよ。

⑩ 川崎は 憤然とした 調子○ 叫んで、二本○ 足○ 炬燵○○ ひいて 畳○ 上○すわり直した。

문형연습 15

※ 다음과 같은 문형의 문장을 만들어 보세요.

1。～は ～様子で ～した。

カナ子は 勝ちほこった 様子で 階下の 居間に 下りて 来た。

①

②

③

2。～しないが いい。

あんまり 風変わった ことを しないが いいよ。

①

②

③

3。~は ~そうに ~して いる。

川崎は 短くなった 煙草を 惜しそうに スパスパ 吸って いる。

①

②

③

4。~が(は) ~の もとに なる。

そう いう 嘆息が 間違いの もとに なるんです。

①

②

③

본문의 내용 확인 15

※ 본문의 내용에 의거하여 다음 질문에 대해 일본어로 답하세요.

① カナ子が 二階から 居間に 下りて 来た 時、美保子は 何を して いましたか。

→

② 美保子が 娘の カナ子に、「お前、川崎さんを 前から 知って いるのか?」と 聞いたのは なぜですか。

→

③ カナ子は 川崎に どんな ことが あぶないと 言ったのですか。

→

④ カナ子は 川崎に どんな ことが 間違いの もとに なると 言ったのですか。

→

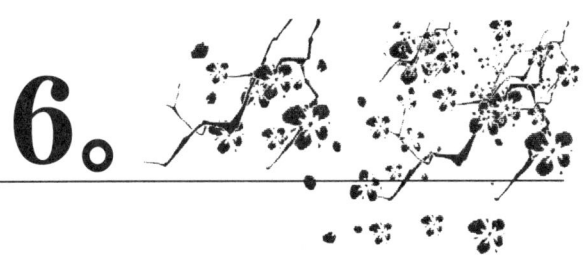

6。

「貴女は ひどい 人ですね。僕は 貴女の 張った 巧妙な 網に すっかり ひっかかりましたよ」
「私が いつ 網を 張りまして? ここの 家には、下宿人を トリコに する 網が 張られて あるから 御注意なさいって 言った ほどじゃ ありませんの」
「それが 狡猾な 手段だったんです。種明かしを した ように 見せかけて、僕を まんまと 引っかけて しまったんです。……僕は ここの 二階に ひっ越して、やっと 室を 片づけた とたんに、金槌で 脳天を たたかれる ように、貴女から 突然な 注意を 受けた。あれは 眠ってる 子を 起こす ような 手段でしたよ。僕は それ 以来、毎日 貴女に 惚れまい 惚れまいと 気を 配って 暮らして きました。しかし、今から 思うと、惚れる ことも 惚れまいと する ことも、貴女を 対象に して、貴女の ことを 始終 考えて なければ ならないと いう 点に おいては 同じ ことです。つまり、ここに 下宿した 日から、貴女は、私の 注意力を 貴女の 上に 奪って しまったのです。加うるにです、猫と 鰹節(かつおぶし)、月と 太陽、男と 女、と いった ような 関係の 場合には、見るなと 言われる ほど なんとなく 見たく なるのが 人情と いう ものです。
はじめに 貴女が あんな 注意を 与えさえ しなければ、私は 貴女に 対しても 行きずりに 会った 娘さんと して、淡泊な 気持ちで 接して おられたんでしょうが、ああ 言われて しまうと、無邪気な 気持ちで 貴女の ことを 考えるのが むずかしく なって しまいました。……貴女が 仕掛けた ワナは 見事な ものでしたよ……」
「まあ、あきれた。そんな こと、どっちに 転んでも 貴方は 女に 甘い 人だと いう ことを 証明してるだけですわ。泣きごとを 言ってないで、通俗化に 反抗する もっと 高邁な 精神を お持ちなさいよ。私は 貴方に、下宿の 娘で ある 私に 惚れては いけません、と ハッキリ 申し上げたのです。それを まっすぐ 受けとれない なんて、貴方は よっぽど 意気地なしですわ。そんな ことで 婦人の 肉体を

切ったり 裂いたり できるのかしら――」
「しかし、変ですねえ、カナ子さん。こうして 二人ぎりで おって、貴女に ののしられたり、やり込められたり して いると、僕は なんだか 二人で 恋を 語り合ってるような 気持ちが する ことが あるんですよ。貴女の 好みの スタイルのね……」
「おお、いやだ……。私は 自分の 恋してる 人には もっと 優しく いたしますわ。……さあ、貴方は もう 二階に 引き上げなさい。なんか うまい ことが あるだろうと 期待して、いつまでも ここに ねばって いても だめですわ」
「だめかなあ。……小母さんは どこに 行ったんです?」
「映画じゃ ないかしら。……二人ぎりの 時間を 持たせようと いうのでしょう」
「もし 貴女も 嫁づいて しまったら、小母さんは どう されますか?」
「身体が 丈夫な 間は 一人で 暮らすだろうと 思いますわ。身体が 弱く なったら、娘たちの 誰か、たぶん 私の 所に 来て 暮らすだろうと 思いますわ」
「末ッ子の 貴女が いちばん かわいいからですか?」
「それも あるでしょう。もっと 大きな 理由は、私の つくってる 家庭が いちばん 住み心地が いいからだと 思いますわ。姉たちの 家庭は、それぞれの 夫に 遠慮した 空気が 漂ってると 思いますが、私の 家庭は、私の 体臭だけが 強く 漂って いる ものに なるでしょうから、母が 気楽に 暮らせると 思いますわ……」
「なるほどねえ。貴女だったら、御亭主の 首根ッこを グッと 抑えつけた 家庭を つくって いくでしょうからね。そう いう 気の毒な 男の 面を 見たい ものだ。いや、人間なにか とり柄が ある モンだな。……それじゃあ、僕は 二階に 引き上げましょう。そして、僕の 炬燵に もぐりこんで、勝手な 妄想に ふける ことに しましょう」
「どんな――?」
「貴女も だんだん 僕を 好きに なって きて いる。しかし はじめに 声明した 手前、いまさら 態度を 変える わけには いかない。どう したら いいか 迷って いる。これから さきは 二人の 根気較べだ―― と いった ふうな……」
「どうぞ 御勝手に……」
川崎は 炬燵から 立ち上がり、変な ヘッピリ腰で 歩きだし、

「久しぶりで スキーを やったら 腰が 痛くて……」と つぶやきながら 二階に 上がって 行った。

それぎり、上も 下も しんと して、物音一つ 聞こえなく なった。カナ子は 編み棒を 動かし続けて いたが、その 顔には、ときどき 謎めいた 微笑が 浮かび上がった。

間もなく、母親の 美保子が、身体じゅう、雪まぶれに なって 帰って 来た。かぶり物の 始末を して、炬燵に 落ちつくと、

「お二階は――? おやすみ?」

「ううん」と、カナ子が かぶりを ふった。

「いままで ここで お話し して いたわ。あの 人が、卒業したら、私たちは 夫婦に なって、それから お母さんにも 来て もらって いっしょに 住みましょうって、そんな 相談を して いたの」

「おや。ずいぶん 早手廻しだ こと、あの 人が 来て、三月にしか ならないんだよ。お前の どの お姉さんたちだって、こんなに 早くは なかったよ。お前は さんざん 反対して おいて……」

「お母さん、頭の いい 人間は、三月 おつき合いを すると、よその 人たちが 三年間 おつき合いしたよりも、深く 理解し合う ものなのよ。お母さん、私と いっしょに 暮らす?」

「ああ、暮らしますよ、お前となら……」

「そう しましょうね。……足自慢の 孫悟空が 何千万里を 飛び駈けたと 思っても、仏様の 掌から 脱(ぬ)け出す ことが できなかった そうだけど、私も それに 似て いたわ。人間なんて……女なんて……弱い ものね」

「弱い ことを 知りながら、気を つけて、強く 生きる ように するんだよ……」

二階から 弱々しい 咳払いが 聞こえて きた。

「おや、風邪を ひいたのかしら。卵酒でも こさえて あげようかしら……」

カナ子は、階段の 方を 見上げて、気がかりらしく つぶやいた……。

石坂洋次郎の『女同士』より

어휘 및 漢字《かんじ》

張《は》る
下宿人《げしゅくにん》
種明《たねあ》かし
金槌《かなづち》
眠《ねむ》る
気《き》
考《かんが》える
加《くわ》うる
場合《ばあい》
淡泊《たんぱく》
ワナ
証明《しょうめい》
精神《せいしん》
意気地《いくじ》なし
ののしる
引き上げる
丈夫《じょうぶ》
かわいい
遠慮《えんりょ》
御亭主《ごていしゅ》
人間《にんげん》
妄想《もうそう》
迷《まよ》う
スキー
編《あ》み棒《ぼう》
浮《う》かび上《あ》がる
卒業《そつぎょう》
さんざん
深《ふか》い
飛《と》び駈《か》ける
風邪《かぜ》
巧妙《こうみょう》
トリコ
見《み》せかける
脳天《のうてん》
起《お》こす
配《くば》る
点《てん》
猫《ねこ》
人情《にんじょう》
気《き》持《も》ち
見事《みごと》
泣《な》きごと
持《も》つ
婦人《ふじん》
やりこめる
うまい
暮《く》らす
理由《りゆう》
空気《くうき》
首根《くびね》ッこ
とり柄《え》
ふける
根気較《こんきくら》べ
痛《いた》い
動《うご》かす
雪《ゆき》まぶれ
夫婦《ふうふ》
反対《はんたい》
理解《りかい》
仏様《ほとけさま》
卵酒《たまござけ》
網《あみ》
御注意《ごちゅうい》
まんまと
たたく
以来《いらい》
暮《く》らす
同《おな》じ
月《つき》
与《あた》える
接《せっ》する
あきれる
通俗化《つうぞくか》
ハッキリ
肉体《からだ》
好み
期待《きたい》
弱《よわ》い
家庭《かてい》
漂《ただよ》う
抑《おさ》えつける
炬燵《こたつ》
声明《せいめい》
立《た》ち上《あ》がる
つぶやく
続《つづ》ける
かぶり物《もの》
相談《そうだん》
頭《あたま》
足自慢《あしじまん》
似《に》る
階段《かいだん》
すっかり
狡猾《こうかつ》
引《ひ》っかける
突然《とつぜん》
毎日《まいにち》
対象《たいしょう》
注意力《ちゅういりょく》
太陽《たいよう》
行《ゆ》きずり
無邪気《むじゃき》
転《ころ》ぶ
反抗《はんこう》
まっすぐ
切《き》る
スタイル
ねばる
誰《だれ》
住《す》み心地《ごこち》
体臭《たいしゅう》
気《き》の毒《どく》
もぐりこむ
手前《てまえ》
ヘッピリ腰《ごし》
しんと
謎《なぞ》めく
始末《しまつ》
早手廻《はやてまわ》し
つき合《あ》い
孫悟空《そんごくう》
弱々《よわよわ》しい
見《み》上《あ》げる
ひっかかる
手段《しゅだん》
ひっ越《こ》す
受《う》ける
惚《ほ》れる
始終《しじゅう》
奪《うば》う
関係《かんけい》
会《あ》う
仕《し》掛《か》ける
甘《あま》い
高邁《こうまい》
よっぽど
裂《さ》く
優しい
映画《えいが》
末《すえ》っ子《こ》
夫《おっと》
気楽《きらく》
面《つら》
勝手《かって》
態度《たいど》
久《ひさ》しぶり
物音《ものおと》
微笑《びしょう》
落《お》ちつく
三月《みつき》
よそ
何千万里《なんぜんまんり》
咳払《せきばら》い
気《き》がかり

연습문제 23

※ 다음 문장의 ○ 안에 ひらがな 1字씩 넣어 문장을 완성시키세요.

① 僕は 貴女○ 張った 巧妙○ 網○ すっかり ひっかかりましたよ。

② 僕は それ 以来、毎日 貴女○ 惚れまい○ 気○ 配って 暮らして きました。

③ 惚れる こと○ 惚れまい○ する こと○、貴女○ 対象○ して、貴女○ こと○ 始終 考えて なければ ならない○ いう 点○ おいては 同じ ことです。

④ ここ○ 下宿した 日○○、貴女は、私○ 注意力○ 貴女○ 上○ 奪って しまったのです。

⑤ はじめ○ 貴女が あんな 注意○ 与えさえ しなければ、私は 貴女○ 対しても 行きずり○ 会った 娘さん○ して、淡泊○ 気持ち○ 接して おられたんでしょう。

⑥ ああ 言われて しまう○、無邪気○ 気持ち○ 貴女○ こと○ 考える○が むずかしく なって しまいました。

⑦ どっち○ 転んで○ 貴方は 女○ 甘い 人だ○ いう こと○ 証明してる だけですわ。

⑧ こうして 二人ぎり○ おって、貴女○ ののしられたり、やり込められたり している○、僕は なんだ○ 二人○ 恋○ 語り合ってる よう○ 気持ち○ する こと○ あるんですよ。

⑨ 私○ 家庭は、私○ 体臭だけが 強く 漂って いる もの○ なるでしょう○○、母が 気楽○ 暮らせる○ 思いますわ。

⑩ 僕の 炬燵○ もぐりこんで、勝手○ 妄想○ ふける こと○ しましょう。

문형연습 16

※ 다음과 같은 문형의 문장을 만들어 보세요.

1。～した とたんに、～した。

僕は ここの 二階に ひっ越して、やっと 室を 片づけた とたんに、金槌で 脳天を たたかれる ように、貴女から 突然な 注意を 受けた。

①

②

③

2。～する ことも ～するまい ことも ～点に おいては 同じ ことです。

惚れる ことも 惚れまいと する ことも、貴女を 対象に して、貴女の ことを 始終 考えてなければ ならないと いう 点に おいては 同じ ことです。

①

②

③

3。～さえ しなければ、～したんでしょう。

貴女が あんな 注意を 与えさえ しなければ、私は 貴女に 対しても 行きずりに 会った 娘さんと して、淡泊な 気持ちで 接して おられたんでしょう。

①

②

③

4。～しても だめです。

なんか うまい ことが あるだろうと 期待して、いつまでも ここに ねばっていても だめですわ

①

②

③

본문의 내용 확인 16

※ 본문의 내용에 의거하여 다음 질문에 대해 일본어로 답하세요.

① 川崎の 腰が 痛いのは なぜですか。

→

② 川崎が 美保子の 家に 下宿してから どのくらい 経ちましたか。

→

③ 孫悟空が 飛びかけても 何から 抜け出せなかったのですか。

→

④ カナ子は 川崎の 咳払いを 聞いて、何を 作ろうと 思いましたか。

→

7。走れメロス

メロスは 激怒した。必ず、かの 邪知暴虐の 王を 除かなければ ならぬと 決意した。メロスには 政治が わからぬ。メロスは、村の 牧人で ある。笛を 吹き、羊と 遊んで 暮して きた。けれども 邪悪に 対しては、人一倍に 敏感で あった。今日 未明 メロスは 村を 出発し、野を 越え 山 越え、十里 離れた この シラクスの 市(まち)に やって 来た。メロスには 父も、母も ない。女房も ない。十六の、内気な 妹と 二人暮らしだ。この 妹は、村の ある 律儀な 一牧人を、近々、花婿と して 迎える ことに なって いた。結婚式も ま近なので ある。メロスは、それゆえ、花嫁の 衣装やら 祝宴の ごちそうやらを 買いに、はるばる 市に やって 来たのだ。まず、その 品々を 買い集め、それから 都の 大路を ぶらぶら 歩いた。メロスには 竹馬の 友が あった。セリヌンティウスで ある。今は この シラクスの 市で、石工を して いる。その 友を、これから 訪ねて みる つもりなのだ。久しく 会わなかったのだから、訪ねて 行くのが 楽しみで ある。歩いて いる うちに メロスは、町の 様子を 怪しく 思った。ひっそりして いる。もう すでに 日も 落ちて、町の 暗いのは あたりまえだが、けれども、なんだか、夜の せいばかりでは なく、市(まち)全体が、やけに 寂しい。のんきな メロスも、だんだん 不安に なって きた。道で 会った 若い 衆を つかまえて、何か あったのか、二年前に この 市に 来た 時は、夜でも みなが 歌を 歌って、町は にぎやかで あった はずだが、と 質問した。若い 衆は、首を 振って 答えなかった。しばらく 歩いて 老爺に 会い、今度は もっと、語勢を 強く して 質問した。老爺は 答えなかった。メロスは 両手で 老爺の 体を 揺すぶって 質問を 重ねた。老爺は、辺りを はばかる 低声(こごえ)で、わずか 答えた。

「王様は、人を 殺します。」

「なぜ 殺すのだ。」

「悪心を 抱いて いる、と いうのですが、だれも そんな、悪心を 持っては おりませぬ。」
「たくさんの 人を 殺したのか。」
「はい、初めは 王様の 妹婿様を。それから、ご自身の お世継ぎを。それから、妹様を。それから、妹様の お子様を。それから、皇后様を。それから、賢臣の アレキス様を。」
「驚いた。国王は 乱心か。」
「いいえ、乱心では ございませぬ。人を、信ずる ことが できぬ、と いうのです。このごろは、臣下の 心をも、お疑いに なり、少しく はでな 暮らしを している 者には、人質 一人ずつ さし出す ことを 命じて おります。ご命令を 拒めば 十字架に かけられて、殺されます。今日は、六人 殺されました。」
聞いて、メロスは 激怒した。「あきれた 王だ。生かして おけぬ。」

어휘 및 漢字《かんじ》

激怒《げきど》する	必《かなら》ず	邪知暴虐《じゃちぼうぎゃく》	王《おう》	除《のぞ》く
決意《けつい》する	政治《せいじ》	村《むら》	牧人《ぼくじん》	笛《ふえ》
吹《ふ》く	羊《ひつじ》	遊《あそ》ぶ	暮《くら》す	邪悪《じゃあく》
対《たい》する	人一倍《ひといちばい》	敏感《びんかん》	未明《みめい》	出発《しゅっぱつ》
野《の》	越《こ》える	十里《じゅうり》	離《はな》れる	女房《にょうぼう》
内気《うちき》	妹《いもうと》	律義《りつぎ》	花婿《はなむこ》	迎《むか》える
結婚式《けっこんしき》	ま近《ぢか》	花嫁《はなよめ》	衣装《いしょう》	祝宴《しゅくえん》
はるばる	品々《しなじな》	買《か》い集《あつ》める	都《みやこ》	大路《おおじ》
ぶらぶら	竹馬《ちくば》	友《とも》	石工《いしく》	訪《たず》ねる
久《ひさ》しい	楽《たの》しみ	町《まち》	様子《ようす》	怪《あや》しい
ひっそりする	落《お》ちる	暗《くら》い	あたりまえ	全体《ぜんたい》
やけに	寂《さび》しい	のんき	不安《ふあん》	道《みち》
若《わか》い	衆《しゅう》	つかまえる	みな	にぎやか
質問《しつもん》する	首《くび》	振《ふ》る	答《こた》える	老爺《ろうや》
今度《こんど》	語勢《ごせい》	強《つよ》い	両手《りょうて》	体《からだ》
揺《ゆ》すぶる	重《かさ》ねる	辺《あた》り	はばかる	わずか
王様《おうさま》	殺《ころ》す	悪心《あくしん》	抱《いだ》く	初《はじ》め
妹婿様《いもうとむこさま》	自身《じしん》	お世継《よつ》ぎ	お子様《こさま》	皇后様《こうごうさま》
賢臣《けんしん》	驚《おどろ》く	国王《こくおう》	乱心《らんしん》	信《しん》ずる
このごろ	疑《うたが》う	はで	者《もの》	人質《ひとじち》
命《めい》じる	命令《めいれい》	拒《こば》む	十字架《じゅうじか》	かける
あきれる	生《い》かす			

연습문제 24

※ 다음 문장의 ○ 안에 ひらがな 1字씩 넣어 문장을 완성시키세요.

① メロスは かの 邪知暴虐○ 王○ 除かなければ ならぬ○ 決意した。

② メロスは 笛○ 吹き、羊○ 遊んで 暮して きた。

③ メロスは 邪悪○ 対しては、人一倍○ 敏感○ あった。

④ メロスは 村○ 出発し、野○ 越え 山越え、十里 離れた シラクス○ 市○ やって 来た。

⑤ メロスは 十六の、内気○ 妹○ 二人暮らしだ。

⑥ メロスは 花嫁○ 衣装やら 祝宴○ ごちそうやら○ 買い○ はるばる 市○ やって 来たのだ。

⑦ のんき○ メロスも だんだん 不安○ なって きた。

⑧ メロスは 両手○ 老爺○ 体○ 揺すぶって 質問○ 重ねた。

⑨ 国王は 人○ 信ずる こと○ できぬ○ いう○です。

⑩ このごろは、臣下○ 心を○ お疑い○ なり、少しく はで○ 暮らし○ して いる 者○は、人質 一人ずつ さし出す こと○ 命じて おります。

문 형 연 습 17

※ 다음과 같은 문형의 문장을 만들어 보세요.

1。 ~は ~に 対しては ~で ある。

メロスは 邪悪に 対しては 敏感で あった。

①
②
③

2。 ~(だ)から、~が(は) 楽しみで ある。

久しく 会わなかったのだから、訪ねて 行くのが 楽しみで ある。

①
②
③

3。 ~は あたりまえだ。

もう すでに 日も 落ちて、町の 暗いのは あたりまえだ。

①
②
③

본문의 내용 확인 17

※ 본문의 내용에 의거하여 다음 질문에 대해 일본어로 답하세요.

① メロスの 職業は 何ですか。

→

② メロスは 何を 買いに 市(まち)に きましたか。

→

③ メロスの 竹馬の友の 名前は 何ですか。

→

④ 王様が 人を 殺す 理由は 何ですか。

→

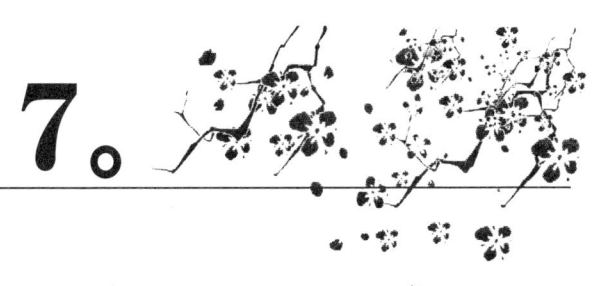

7.

メロスは、単純な 男で あった。買い物を、背負った ままで、のそのそ 王城に 入って 行った。たちまち 彼は、巡邏の 警吏に 捕縛された。調べられて、メロスの 懐中からは 短剣が 出て きたので、騒ぎが 大きく なって しまった。メロスは、王の 前に 引き出された。
「この 短刀で 何を する つもりで あったか。言え！」暴君ディオニスは 静かに、けれども 威厳を 持って 問いつめた。その 王の 顔は 蒼白で、みけんの しわは、刻みこまれた ように 深かった。
「市を 暴君の 手から 救うのだ。」と メロスは 悪びれずに 答えた。
「おまえがか？」王は、憫笑した。「しかたの ない やつじゃ。おまえには、わしの 孤独が わからぬ。」
「言うな！」と メロスは、いきり立って 反駁した。「人の 心を 疑うのは、最も 恥ずべき 悪徳だ。王は、民の 忠誠をさえ 疑って おられる。」
「疑うのが、正当の 心構えなのだと、わしに 教えて くれたのは、おまえたちだ。人の 心は、あてに ならない。人間は、もともと 私欲の かたまりさ。信じては、ならぬ。」暴君は 落ち着いて つぶやき、ほっと ため息を ついた。「わしだって、平和を 望んで いるのだが。」
「なんの ための 平和だ。自分の 地位を 守る ためか。」今度は メロスが 嘲笑した。罪の ない 人を 殺して、なにが 平和だ。」
「黙れ、下賤の 者。」王は、さっと 顔を 上げて 報いた。「口では、どんな 清らかな ことでも 言える。わしには、人の はらわたの 奥底が 見えすいて ならぬ。おまえだって、今に、はりつけに なってから、泣いて わびたって 聞かぬぞ。」
ああ、王は りこうだ。うぬぼれて いるが よい。わたしは、ちゃんと 死ぬる 覚悟で いるのに。命ごいなど 決して しない。ただ、──」と 言いかけて、メロスは 足下に 視線を 落とし 瞬時 ためらい、「ただ、わたしに 情けを かけたい つもりなら、処刑までに 三日間の 日限を 与えて ください。たった 一人の 妹に、亭主を 持たせて やりたいのです。三日の うちに、わたしは 村で 結婚式を 挙げさせ、必ず、ここへ 帰って 来ます。」
「ばかな。」と 暴君は、しわがれた 声で 低く 笑った。「とんでも ない うそを 言うわい。逃がした 小鳥が 帰って 来ると いうのか。」
「そうです。帰って 来るのです。」 メロスは 必死で 言い張った。「わたしは 約束を 守ります。わたしを、三日間だけ 許して ください。妹が、わたしの 帰りを 待って いるのだ。そんなに わたしを 信じられないならば、よろしい、この 市に セリヌンティウスと いう 石工が います。わたしの 無二の 友人だ。あれを、人質と して ここに 置いて いこう。わたしが 逃げて しまって、三日目の 日暮れまで、ここに 帰って 来なかったら、あの 友人を 絞め殺して ください。頼む、そう して ください。」
それを 聞いて 王は、残虐な 気持ちで、そっと ほくそえんだ。生意気な ことを 言うわい。どうせ 帰って 来ないに 決って いる。この うそつきに だまされた ふりして、放して やるのも おもしろい。そう して 身代わりの 男を、三日目に 殺して やるのも 気味が いい。人は、これだから 信じられぬと、わしは 悲しい 顔して、その 身代わりの 男を 磔刑に 処して やるのだ。世の中の、正直者とか いう やつばらに うんと 見せつけて やりたい ものさ。
「願いを、聞いた。その 身代わりを 呼ぶが よい。三日目には 日没までに 帰って 来い。遅れたら、その 身代わりを きっと 殺すぞ。ちょっと 遅れて 来るが いい。おまえの 罪は、永遠に 許して やろうぞ。」
「なに、何を おっしゃる。」
「はは。命が だいじだったら、遅れて 来い。おまえの 心は、わかって いるのぞ。」
メロスは 悔しく、じだんだ踏んだ。ものも 言いたく なく なった。
竹馬の 友、セリヌンティウスは、深夜、王城に 召された。暴君ディオニスの 面前で、よき 友と よき 友は、二年ぶりで 相会うた。メロスは、友に いっさいの 事情を 語った。セリヌンティウスは 無言で うなずき、メロスを ひしと 抱き締めた。友と 友の 間は、それで よかった。セリヌンティウスは、縄打たれた。メロスは、すぐに 出発した。初夏、満天の 星で ある。

어휘 및 漢字《かんじ》

単純《たんじゅん》	男《おとこ》	買《か》いもの	背《せ》負《お》う	のそのそ
王城《おうじょう》	たちまち	巡邏《じゅんら》	警吏《けいり》	捕縛《ほばく》
調《しら》べる	懐中《かいちゅう》	短剣《たんけん》	騒《さわ》ぎ	引《ひ》き出《だ》す
短刀《たんとう》	暴君《ぼうくん》	静《しず》か	威厳《いげん》	持《も》つ
問《と》いつめる	顔《かお》	蒼白《そうはく》	みけん	しわ
刻《きざ》みこむ	深《ふか》い	救《すく》う	悪《わる》びれる	憫笑《びんしょう》
しかた	やつ	わし	孤独《こどく》	いきり立《た》つ
反駁《はんばく》	疑《うたが》う	最《もっと》も	恥《は》じる	悪徳《あくとく》
民《たみ》	忠誠《ちゅうせい》	おる	正当《せいとう》	心構《こころがま》え
教《おし》える	あてに なる	人間《にんげん》	もともと	私欲《しよく》
かたまり	信《しん》じる	落《お》ち着《つ》く	つぶやく	ほっと
ため息《いき》	平和《へいわ》	望《のぞ》む	地位《ちい》	守《まも》る
今度《こんど》	嘲笑《ちょうしょう》	罪《つみ》	黙《だま》る	下賤《げせん》
報《むく》いる	清《きよ》らか	はらわた	奥底《おくそこ》	見《み》えすく
はりつけ	わびる	りこう	うぬぼれる	死《し》ぬる(=死《し》ぬ)
覚悟《かくご》	命《いのち》ごい	決《けっ》して	足下《あしもと》	視線《しせん》
落《お》とす	瞬時《しゅんじ》	ためらう	情《なさ》け	処刑《しょけい》
日限《にちげん》	与《あた》える	亭主《ていしゅ》	結婚式《けっこんしき》	挙《あ》げる
必《かなら》ず	帰《かえ》る	しわがれる	声《こえ》	低《ひく》い
笑《わら》う	うそ	逃《にが》す	小鳥《ことり》	必死《ひっし》
言《い》い張《は》る	約束《やくそく》	許《ゆる》す	石工《いしく》	無二《むに》
友人《ゆうじん》	人質《ひとじち》	置《お》く	逃《に》げる	日暮《ひぐ》れ
絞《し》め殺《ころ》す	頼《たの》む	残虐《ざんぎゃく》	そっと	ほくそえむ
生意気《なまいき》	うそつき	だます	ふり	放《はな》す
身《み》代《が》わり	気味《きみ》	悲《かな》しい	磔刑《たっけい》	処《しょ》する
世《よ》の中《なか》	正直者《しょうじきもの》	やつばら	見《み》せつける	願《ねが》い
呼《よ》ぶ	日没《にちぼつ》	遅《おく》れる	罪《つみ》	永遠《えいえん》
許《ゆる》す	おっしゃる	命《いのち》	悔《くや》しい	じだんだ(を) 踏《ふ》む
深夜《しんや》	王城《おうじょう》	召《め》す	面前《めんぜん》	よき(=よい)
相《あい》会《あ》う	いっさい	事情《じじょう》	語《かた》る	無言《むごん》
うなずく	抱《だ》き締《し》める	縄打《なわう》つ	出発《しゅっぱつ》	初夏《しょか》
満天《まんてん》				

연습문제 25

※ 다음 문장의 ○ 안에 ひらがな 1字씩 넣어 문장을 완성시키세요.

① メロスは 買い物○ 背負った まま○ のそのそ 王城○ 入って 行った。

② メロスは 王○ 前○ 引き出された。

③ この 短刀○ 何○ する つもり○ あったか。

④ おまえ○は わし○ 孤独○ わからぬ。

⑤ 人○ 心は あて○ ならない。

⑥ 口○○ どんな 清らか○ こと○○ 言える。

⑦ わたし○ 情け○ かけたい つもり○○、処刑まで○ 三日間○ 日限○ 与えてください。

⑧ 三日○ うち○ わたしは 村○ 結婚式○ 挙げさせ、必ず、ここ○ 帰って 来ます。

⑨ あれ○ 人質○ して ここ○ 置いて いこう。

⑩ それ○ 聞いて 王は 残虐○ 気持ち○、そっと ほくそえんだ。

문형연습 18

※ 다음과 같은 문형의 문장을 만들어 보세요.

1。~は ~した ままで ~した。

メロスは 買い物を 背負った ままで のそのそ 王城に 入って 行った。

①

②

③

2。~は 悪びれずに ~した。

メロスは 悪びれずに 答えた。

①

②

③

3。～してから、～したって ～しないぞ。

はりつけに なってから、泣いて わびたって 聞かぬぞ。

①

②

③

4。～するが よい。

その 身代わりを 呼ぶが よい。

①

②

③

본문의 내용 확인 18

※ 본문의 내용에 의거하여 다음 질문에 대해 일본어로 답하세요.

① 王城に 入った メロスの 懐中から 何が 出て きましたか。

→

② メロスは 最も 恥ずべき 悪徳は 何だと 言って いますか。

→

③ 王の 前に 逮捕された メロスは、処刑まで 三日間の 日限を 与えて 下さいと 王に たのみましたが、その 理由は 何ですか。

→

④ メロスは 友と 何年ぶりに 会いましたか。

→

7.

メロスは その 夜、一睡も せず 十里の 道を 急ぎに 急いで、村へ 到着したのは、明くる 日の 午前、日は すでに 高く 昇って、村人たちは 野に 出て 仕事を 始めて いた。

メロスの 十六の 妹も、今日は 兄の 代わりに 羊群の 番を して いた。よろめいて 歩いて 来る 兄の、疲労困憊の 姿を 見つけて 驚いた。そう して、うるさく 兄に 質問を 浴びせた。

「なんでも ない。」メロスは 無理に 笑おうと 努めた。「市に 用事を 残して きた。また すぐ 市に 行かなければ ならぬ。明日、おまえの 結婚式を 挙げる。早い ほうが よかろう。」

妹は ほおを 赤らめた。

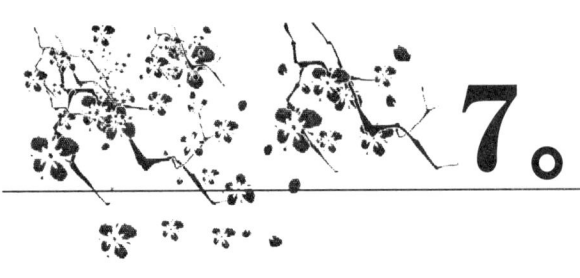

「うれしいか。きれいな 衣装も 買って きた。さあ、これから 行って、村の 人たちに 知らせて 来い。結婚式は、明日だと。」

メロスは、また、よろよろと 歩きだし、家へ 帰って 神々の 祭壇を 飾り、祝宴の 席を 調え、まもなく 床に 倒れ伏し、呼吸も せぬ くらいの 深い 眠りに 落ちて しまった。

目が 覚めたのは 夜だった。メロスは 起きて すぐ、花婿の 家を 訪れた。そう して、少し 事情が あるから、結婚式を 明日に して くれ、と 頼んだ。婿の 牧人は 驚き、それは いけない 、こちらには まだ なんの 支度も できて いない、ぶどうの 季節まで 待って くれ、と 答えた。メロスは、待つ ことは できぬ、どうか 明日に して くれたまえ、と さらに 押して 頼んだ。婿の 牧人も 頑強で あった。なかなか 承諾して くれない。夜明けまで 議論を 続けて、やっと、どうにか 婿を なだめ、すかして、説き伏せた。結婚式は、真昼に 行われた。新郎新婦の、神々への 宣誓が すんだ ころ、黒雲が 空を 覆い、ぽつり ぽつり 雨が 降りだし、やがて 車軸を 流す ような 大雨と なった。祝宴に 列席して いた 村人たちは、なにか 不吉な ものを 感じたが、それでも、めいめい 気持ちを 引き立て、狭い 家の 中で、むんむん 蒸し暑いのも こらえ、陽気に 歌を 歌い、手を 打った。メロスも、満面に 喜色を たたえ、しばらくは、王との あの 約束をさえ 忘れて いた。祝宴は、夜に 入って いよいよ 乱れ 華やかに なり、人々は、外の 豪雨を 全く 気に しなく なった。メロスは、一生 このまま ここに いたい、と 思った。この よい 人たちと 生涯 暮らして いきたいと 願ったが、今は、自分の 体で、自分の ものでは ない。ままならぬ ことで ある。メロスは、わが 身に むち打ち、ついに 出発を 決意した。明日の 日没までには、まだ 十分の 時が ある。ちょっと ひと眠りして、それから すぐに 出発しよう、と 考えた。その ころには、雨も 小降りに なって いよう。少しでも 長く この 家に ぐずぐず とどまって いたかった。メロスほどの 男にも、やはり 未練の 情と いう ものは ある。今宵 呆然、歓喜に 酔って いる らしい 花嫁に 近寄り、

「おめでとう。わたしは 疲れて しまったから、ちょっと 御免 こうむって 眠りたい。目が 覚めたら、すぐに 市に 出かける。たいせつな 用事が あるのだ。わたしが いなくても、もう おまえには 優しい 亭主が あるのだから、決して 寂しいことは ない。おまえの 兄の、いちばん 嫌いな ものは、人を 疑う ことと、それから、うそを つく ことだ。おまえも、それは、知って いるね。亭主との 間に、どんな 秘密でも 作っては ならぬ。おまえに 言いたいのは、それだけだ。おまえの 兄は、たぶん 偉い 男なのだから、おまえも その 誇りを 持って いろ。」

花嫁は、夢見心地で うなずいた。メロスは、それから 花婿の 肩を たたいて、

「支度の ないのは お互いさまさ。わたしの 家にも、宝と いっては、妹と 羊だけだ。ほかには、何も ない。全部 あげよう。もう 一つ、メロスの 弟に なった ことを 誇って くれ。」

花婿は もみ手して、照れて いた。メロスは 笑って 村人たちにも 会釈して、宴席から 立ち去り、羊小屋に 潜りこんで、死んだ ように 深く 眠った。

어휘 및 漢字《かんじ》

一睡《いっすい》
午前《ごぜん》
始《はじ》める
疲労困憊《ひろうこんぱい》
浴《あ》びせる
残《のこ》す
よろよろ
席《せき》
せぬ(=しない)
花婿《はなむこ》
驚《おどろ》く
押《お》して
議論《ぎろん》
真昼《まひる》
空《そら》
車軸《しゃじく》
めいめい
こらえる
たたえる
華《はな》やか
暮《く》らす
ついに
小降《こぶ》り
今宵《こよい》
近寄《ちかよ》る
用事《ようじ》
疑《うたが》う
夢見心地《ゆめみごこち》
お互《たが》い
会釈《えしゃく》
潜《もぐ》りこむ

十里《じゅうり》
昇《のぼ》る
代《か》わり
姿《すがた》
無理《むり》
挙《あ》げる
神々《かみがみ》
調《ととの》える
深《ふか》い
訪《おとず》れる
支度《したく》
頑強《がんきょう》
続《つづ》ける
行《おこな》う
覆《おお》う
流《なが》す
引《ひ》き立《た》てる
陽気《ようき》
やくそく
豪雨《ごうう》
願《ねが》う
出発《しゅっぱつ》
ぐずぐず
呆然《ぼうぜん》
疲《つか》れる
優《やさ》しい
うそを つく
うなずく
宝《たから》
宴席《えんせき》
眠《ねむ》る

急《いそ》ぐ
村人《むらびと》
羊群《ひつじむれ》
見《み》つける
笑《わら》う
ほお
祭壇《さいだん》
床《とこ》
眠《ねむ》り
事情《じじょう》
季節《きせつ》
なかなか
なだめる
新郎新婦《しんろうしんぷ》
ぽつり
大雨《おおあめ》
狭《せま》い
打《う》つ
忘《わす》れる
全《まった》く
身《み》
決意《けつい》
とどまる
歓喜《かんき》
御免《ごめん》
亭主《ていしゅ》
秘密《ひみつ》
肩《かた》
全部《ぜんぶ》
立《た》ち去《さ》る

到着《とうちゃく》
野《の》
番《ばん》
驚《おどろ》く
努《つと》める
赤《あか》らめる
飾《かざ》る
倒《たお》れ伏《ふ》す
落《お》ちる
頼《たの》む
待《ま》つ
承諾《しょうだく》
すかす
宣誓《せんせい》
降《ふ》りだす
列席《れっせき》
むんむん
満面《まんめん》
いよいよ
一生《いっしょう》
むち
日没《にちぼつ》
未練《みれん》
酔《よ》う
こうむる
寂《さび》しい
偉《えら》い
たたく
もみ手《て》
羊《ひつじ》

明《あ》くる
仕事《しごと》
よろめく
質問《しつもん》
用事《ようじ》
衣装《いしょう》
祝宴《しゅくえん》
呼吸《こきゅう》
覚《さ》める
牧人《ぼくじん》
答《こた》える
夜明《よあ》け
説《と》き伏《ふ》せる
黒雲《くろくも》
やがて
不吉《ふきつ》
蒸《む》し暑《あつ》い
喜色《きしょく》
乱《みだ》れる
生涯《しょうがい》
打《う》つ
ひと眠《ねむ》り
情《じょう》
花嫁《はなよめ》
覚《さ》める
嫌《きら》い
誇《ほこ》る
支度《したく》
照《て》れる
小屋《こや》

연습문제 26

※ 다음 문장의 ○ 안에 ひらがな 1字씩 넣어 문장을 완성시키세요.

① メロスは その 夜、一睡も せず 十里○ 道○ 急ぎ○ 急いだ。

② メロス○ 十六○ 妹も、今日は 兄○ 代わり○ 羊群○ 番○ して いた。

③ 妹は うるさく 兄○ 質問○ 浴びせた。

④ メロスは 無理○ 笑おう○ 努めた。

⑤ メロスは、また よろよろ○ 歩きだし、家○ 帰って 神々○ 祭壇○ 飾り、祝宴○ 席○ 調え、まもなく 床○ 倒れ伏し、呼吸も せぬ くらい○ 深い 眠り○ 落ちて しまった。

⑥ メロスは 花婿○ 結婚式○ 明日○ して くれ、○ 頼んだ。

⑦ 祝宴○ 列席して いた 村人たちは なに○ 不吉○ もの○ 感じた。

⑧ 祝宴は 夜○ 入って いよいよ 乱れ 華やか○ なり、人々は、外○ 豪雨○ 全く気○ しなく なった。

⑨ メロスは わが 身○ むち打ち、つい○ 出発○ 決意した。

⑩ おまえ○ 兄○、いちばん 嫌い○ ものは、人○ 疑う こと○、それから、うそ○ つく ことだ。

문형연습 19

※ 다음과 같은 문형의 문장을 만들어 보세요.

1。~は ~に ~を あびせた。

妹は うるさく 兄に 質問を 浴びせた。

①
②
③

2。~は 無理に ~しようと 努めた。

メロスは 無理に 笑おうと 努めた。

①
②
③

3。~の いちばん 嫌いな ものは ~ことと ~ことだ。

おまえの 兄の、いちばん 嫌いな ものは、人を 疑う ことと、うそを つく ことだ。

①
②
③

본문의 내용 확인 19

※ 본문의 내용에 의거하여 다음 질문에 대해 일본어로 답하세요.

① メロスの 妹の 年は いくつですか。

→

② メロスが 婿の 牧人に 結婚式を 明日に して くれと、頼んだ 時、
婿の 牧人は メロスに 何と 答えましたか。

→

③ メロスの いちばん 嫌いな ものは 何ですか。(二つ)

→

④ メロスに とって 宝と いう ものは 何ですか。(二つ)

→

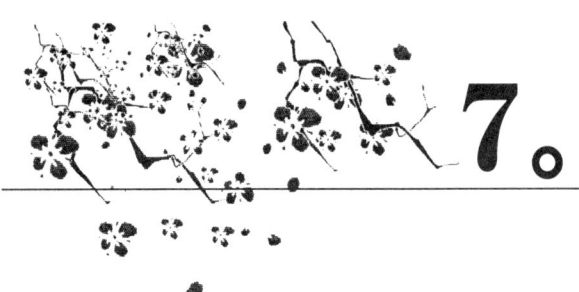

7.

目が 覚めたのは 明くる 日の 薄明の ころで ある。メロスは はね起き、南無三、寝すごしたか、いや、まだまだ 大丈夫、これから すぐに 出発すれば、約束の 刻限までには 十分 まにあう。今日は ぜひとも、あの 王に、人の 信実の 存するところを 見せて やろう。そうして 笑って はりつけの 台に 上って やる。メロスは、ゆうゆうと 身支度を 始めた。雨も、いくぶん 小降りに なって いる 様子で ある。身支度は できた。さて、メロスは、ぶるんと 両腕を 大きく 振って、雨中、矢の ごとく 走り出た。

わたしは、今宵、殺される。殺される ために 走るのだ。身代わりの 友を 救うために 走るのだ。王の 奸佞邪知を 打ち破る ために 走るのだ。走らなければ ならぬ。そう して、わたしは 殺される。若い 時から 名誉を 守れ。さらば、ふるさと。若い メロスは、つらかった。幾度か、立ち止まりそうに なった。えい、えいと 大声あげて 自身を しかりながら 走った。村を 出て、野を 横切り、森をくぐり抜け、隣村に 着いた ころには、雨も やみ、日は 高く 昇って、そろそろ暑く なって きた。メロスは 額の 汗を こぶしで 払い、ここまで 来れば 大丈夫、もはや 故郷への 未練は ない。妹たちは、きっと よい 夫婦に なるだろう。わたしには、今、なんの 気がかりも ない はずだ。まっすぐに 王城に 行き着けば、それで よいのだ。そんなに 急ぐ 必要も ない。ゆっくり 歩こう、と 持ちまえの のんきさを 取り返し、好きな 小歌を いい 声で 歌いだした。ぶらぶら 歩いて 二里 行き 三里 行き、そろそろ 全里程の 半ばに 到達した ころ、降ってわいた 災難、メロスの 足は、はたと、止まった。見よ、前方の 川を。昨日の 豪雨で 山の 水源地は 氾濫し、濁流 とうとうと 下流に 集まり、猛勢一挙に 橋を破壊し、どうどうと 響きを あげる 激流が、こっぱみじんに 橋げたを はね飛ばして いた。彼は 茫然と、立ちすくんだ。あちこちと 眺め回し、また、声を 限り

に 呼び立てて みたが、繋舟は 残らず 波に さらわれて 影 なく、渡し守の 姿も 見えない。流れは いよいよ、膨れ上がり、海の ように なって いる。メロスは 川岸に うずくまり、男泣きに 泣きながら ゼウスに 手を 上げて 哀願した。「ああ、しずめたまえ、荒れくるう 流れを！ 時は 刻々に 過ぎて いきます。太陽も すでに 真昼時です。あれが 沈んで しまわぬ うちに、王城に 行き着く ことが できなかったら、あの よい 友達が、わたしの ために 死ぬのです。」

어휘 및 漢字《かんじ》

覚《さ》める
寝《ね》すごす
十分《じゅうぶん》
台《だい》
ぶるん
ごとく
救《すく》う
守《まも》る
大声《おおごえ》
森《もり》
昇《のぼ》る
こぶし
未練《みれん》
急《いそ》ぐ
ぶらぶら
降《ふ》る
豪雨《ごうう》
下流《かりゅう》
どうどう
はね飛《と》ばす
呼《よ》び立《た》てる
影《かげ》
膨《ふく》れ上《あ》がる
荒《あ》れくるう
沈《しず》む

明《あ》くる
大丈夫《だいじょうぶ》
まにあう
ゆうゆう
両腕《りょううで》
走《はし》り出《で》る
奸佞邪知《かんねいじゃち》
さらば
自身《じしん》
くぐり抜《ぬ》ける
そろそろ
払《はら》う
きっと
持《も》ちまえ
全里程《ぜんりてい》
わく
水源地《すいげんち》
集《あつ》まる
響《ひび》く
茫然《ぼうぜん》
繋舟《けいしゅう》
渡《わた》し守《もり》
川岸《かわぎし》
刻々《こっこく》

薄明《はくめい》
出発《しゅっぱつ》
信実《しんじつ》
身支度《みじたく》
振《ふ》る
今宵《こよい》
打《う》ち破《やぶ》る
ふるさと
しかる
隣村《となりむら》
暑《あつ》い
大丈夫《だいじょうぶ》
夫婦《ふうふ》
のんきさ
半《なか》ば
災難《さいなん》
氾濫《はんらん》
猛勢一挙《もうせいいっきょ》
激流《げきりゅう》
立《た》ちすくむ
残《のこ》る
姿《すがた》
うずくまる
過《す》ぎる

はね起《お》きる
約束《やくそく》
存《そん》する
いくぶん
雨中《うちゅう》
身代《みが》わり
若《わか》い
幾度《いくど》
野《の》
着《つ》く
額《ひたい》
もはや
気《き》がかり
取《と》り返《かえ》す
到達《とうたつ》
止《と》まる
濁流《だくりゅう》
橋《はし》
こっぱみじん
眺《なが》め回《まわ》す
波《なみ》
流《なが》れ
哀願《あいがん》
太陽《たいよう》

南無三《なむさん》
刻限《こくげん》
はりつけ
小降《こぶ》り
矢《や》
友《とも》
名誉《めいよ》
立《た》ち止《ど》まる
横切《よこぎ》る
やむ
汗《あせ》
故郷《こきょう》
行《ゆ》き着《つ》く
小歌《こうた》
わく
前方《ぜんぽう》
とうとう
破壊《はかい》する
橋《はし》げた
限《かぎ》る
さらう
いよいよ
しずめる
真昼時《まひるじ》

연습문제 27

※ 다음 문장의 ○ 안에 ひらがな 1字씩 넣어 문장을 완성시키세요.

① 目○ 覚めたのは 明くる 日○ 薄明○ ころ○ ある。

② 身代わり○ 友○ 救う ため○ 走る○だ。

③ 王○ 奸佞邪知○ 打ち破る ため○ 走る○だ。

④ メロスは えい、えい○ 大声 あげて 自身○ しかり○○○ 走った。

⑤ メロスは 額○ 汗○ こぶし○ 払った。

⑥ メロスは 持ちまえ○ のんきさ○ 取り返し、好き○ 小歌○ いい 声○ 歌いだした。

⑦ 昨日○ 豪雨○ 山○ 水源地は 氾濫した。

⑧ 濁流は とうとう○ 下流○ 集まった。

⑨ メロスは 声○ 限り○ 呼び立てて みた。

⑩ メロスは 男泣き○ 泣き○○○ ゼウス○ 手○ 上げて 哀願した。

문형연습 20

※ 다음과 같은 문형의 문장을 만들어 보세요.

1。~は ~の ごとく ~した。

メロスは、雨中、矢の ごとく 走り出た。

①

②

③

2。~する ために ~するのだ。

身代わりの 友を救う ために 走るのだ。

①

②

③

3。~すれば もはや ~は ない。

ここまで 来れば もはや 故郷への 未練は ない。

①

②

③

본 문 의 내 용 확 인 20

※ 본문의 내용에 의거하여 다음 질문에 대해 일본어로 답하세요.

① メロスが 目が さめたのは いつですか。

→

② メロスは 何の ために 走って いますか。(三つ)

→

③ メロスは きのうの 豪雨で 海の ように なって いる 川を 見て、誰に 哀願しましたか。

→

7。

濁流は、メロスの 叫びを せせら笑う ごとく、ますます 激しく 躍りくるう。波は 波を のみ、巻き、あおり立て、そう して 時は、刻一刻と 消えて いく。今は メロスも 覚悟した。泳ぎきるより ほかに ない。ああ、神々も 照覧あれ！ 濁流にも 負けぬ 愛と 誠の 偉大な 力を、今こそ 発揮して みせる。メロスは、ざんぶと 流れに 飛びこみ、百匹の 大蛇の ように のた打ち 荒れくるう 波を 相手に、必死の 闘争を 開始した。満身の 力を 腕に こめて、押し寄せ 渦巻き 引きずる 流れを、なんの これしきと かき分け かき分け、獅子奮迅の 人の 子の 姿には、神も 哀れと 思ったか、ついに 憐愍を 垂れて くれた。押し流されつつも、みごと、対岸の 樹木の 幹に、すがりつく ことが できたのである。ありがたい。メロスは 馬の ように 大きな 胴ぶるいを 一つして、すぐに また 先を 急いだ。一刻と いえども、むだには できない。日は すでに 西に 傾きかけて いる。ぜいぜい 荒い 呼吸を しながら 峠を 登り、登りきって、ほっと した 時、突然、目の 前に 一隊の 山賊が 躍り出た。

「待て。」

「何を するのだ。わたしは 日の 沈まぬ うちに 王城へ 行かなければ ならぬ。放せ。」

「どっこい 放さぬ。持ち物 全部を 置いて 行け。」

「わたしには 命の ほかには 何も ない。その、たった 一つの 命も、これから 王に くれて やるのだ。」

「その、命が ほしいのだ。」

「さては、王の 命令で、ここで わたしを 待ち伏せして いたのだな。」

山賊たちは、ものも 言わず いっせいに 棍棒を 振り上げた。メロスは ひょいと、体を 折り曲げ、飛鳥の ごとく 身近の 一人に おそいかかり、その 棍棒を 奪い

取って、

「気の毒だが 正義の ためだ！」と 猛然一撃、たちまち、三人を 殴り倒し、残る 者の ひるむ すきに、さっさと 走って 峠を 下った。一気に 峠を 駆け降りたが、さすがに 疲労し、おりから 午後の 灼熱の 太陽が まともに、かっと 照って きて、メロスは 幾度と なく めまいを 感じ、これでは ならぬ、と 気を 取り直しては、よろよろ 二、三歩 歩いて、ついに、がくりと ひざを 折った。立ち上がることが できぬのだ。天を 仰いで、悔し泣きに 泣きだした。ああ、あ、濁流を 泳ぎきり、山賊を 三人も 撃ち倒し 韋駄天、ここまで 突破して きた メロスよ。真の 勇者、メロスよ。今、ここで、疲れきって 動けなく なるとは 情けない。愛する 友は、おまえを 信じた ばかりに、やがて 殺されなければ ならぬ。おまえは、希代の 不信の 人間、まさしく 王の 思う つぼだぞ、と 自分を しかって みるのだが、全身 なえて、もはや いも虫ほどにも 前進 かなわぬ。路傍の 草原に ごろりと 寝転がった。身体 疲労すれば、精神も ともに やられる。もう、どうでもいいと いう、勇者に 不似合いな ふてくされた 根性が、心の 隅に 巣くった。わたしは、これほど 努力したのだ。約束を 破る 心は、みじんも なかった。神も照覧、わたしは 精いっぱいに 努めて きたのだ。動けなく なるまで 走って きたのだ。わたしは 不信の 徒では ない。ああ、できる ことなら わたしの 胸を 断ち割って、真紅の 心臓を お目に かけたい。愛と 信実の 血液だけで 動いて いる この 心臓を 見せて やりたい。けれども わたしは、この だいじな 時に、精も 根も 尽きたのだ。わたしは、よくよく 不幸な 男だ。わたしは、きっと 笑われる。わたしの 一家も 笑われる。わたしは 友を 欺いた。中途で 倒れるのは、初めから 何も しないのと 同じ ことだ。ああ、もう、どうでも いい。これが、わたしの 定まった 運命なのかも しれない。セリヌンティウスよ、許して くれ。きみは、いつでも わたしを 信じた。わたしも きみを、欺かなかった。わたしたちは、ほんとうに よい 友と 友で あったのだ。一度だって、暗い 疑惑の 雲を、お互い 胸に 宿した ことは なかった。今だって、きみは わたしを 無心に 待って いるだろう。ああ、待って いるだろう。ありがとう、セリヌンティウス。よくも わたしを 信じて くれた。それを 思えば、たまらない。友と 友の 間の 信実は、この 世で いちばん 誇るべき 宝なのだからな。セリヌンティウス、わたしは走ったのだ。きみを 欺く つもりは、みじんも なかった。信じて くれ！ わたしは 急ぎに 急いで ここまで 来たのだ。濁流を 突破した。山賊の 囲みからも、するりと 抜けて 一気に 峠を 駆け降りて 来たのだ。
わたしだから、できたのだよ。ああ、この上、わたしに 望みたもうな。ほうっておいて くれ。どうでも、いいのだ。わたしは 負けたのだ。だらしが ない。笑って くれ。王は わたしに、ちょっと 遅れて 来い、と 耳打ちした。遅れたら、身代わりを 殺して、わたしを 助けて くれると 約束した。わたしは 王の 卑劣を憎んだ。けれども、今に なって みると、わたしは 王の 言う ままに なって いる。わたしは、遅れて 行くだろう。王は、独りがてんして わたしを 笑い、そうして ことも なく わたしを 放免するだろう。そう なったら、わたしは、死ぬより つらい。わたしは、永遠に 裏切り者だ。地上で 最も、不名誉の 人種だ。セリヌンティウスよ、わたしも 死ぬぞ。きみと いっしょに 死なせて くれ。きみだけは わたしを 信じて くれるに 違いない。いや、それも わたしの、独りよがりか？ ああ、もう いっそ、悪徳者と して 生き延びて やろうか。村には わたしの家が ある。羊も いる。妹夫婦は、まさか わたしを 村から 追い出す ような ことは しないだろう。正義だの、信実だの、愛だの、考えて みれば、くだらない。人を 殺して 自分が 生きる。それが 人間世界の 定法では なかったか。ああ、何もかも、ばかばかしい。わたしは、みにくい 裏切り者だ。どうとも、かってに するが よい。やんぬるかな。—— 四肢を 投げ出して、うとうと、まどろんで しまった。

어휘 및 漢字《かんじ》

濁流《だくりゅう》
躍《おど》りくるう
消《き》える
愛《あい》
大蛇《だいじゃ》
闘争《とうそう》
押《お》し寄《よ》せる
獅子奮迅《ししふんじん》
みごと
胴《どう》ぶるい
峠《とうげ》
踊《おど》り出《で》る
全部《ぜんぶ》
いっせい
身近《みぢか》
猛然一撃《もうぜんいちげき》
ひるむ
さすが
太陽《たいよう》
取《と》り直《なお》す
悔《くや》し泣《な》き
勇者《ゆうしゃ》
不信《ふしん》
なえる
草原《そうげん》
やる
巣《す》くう
精《せい》いっぱい
真紅《しんく》
尽《つ》きる
定《さだ》まる
雲《くも》
世《よ》
一気《いっき》
身代《みが》わり
放免《ほうめん》
不名誉《ふめいよ》
生《い》き延《の》びる
定法《じょうほう》
四肢《しし》

叫《さけ》ぶ
波《なみ》
覚悟《かくご》
誠《まこと》
のた打《う》つ
開始《かいし》
渦《うず》
哀《あわ》れ
対岸《たいがん》
むだ
登《のぼ》る
沈《しず》む
置《お》く
棍棒《こんぼう》
おそいかかる
たちまち
すき
疲労《ひろう》
まとも
がくり
撃《う》ち倒《たお》す
疲《つか》れきる
人間《にんげん》
いも虫《むし》
ごろり
不似合《ふにあ》い
努力《どりょく》
努《つと》める
心臓《しんぞう》
不幸《ふこう》
運命《うんめい》
互《たが》い
誇《ほこ》る
望《のぞ》む
助《たす》ける
永遠《えいえん》
人種《じんしゅ》
妹《いもうと》
ばかばかしい
投《な》げ出《だ》す

せせら笑《わら》う
巻《ま》く
泳《およ》ぐ
偉大《いだい》
荒《あ》れくるう
満身《まんしん》
巻《ま》く
憐愍《れんびん》
樹木《じゅもく》
傾《かたむ》く
ほっとする
王城《おうじょう》
命《いのち》
振《ふ》り上《あ》げる
奪《うば》い取《と》る
殴《なぐ》り倒《たお》す
下《くだ》る
おり
照《て》る
ひざ
韋駄天《いだてん》
動《うご》く
つぼ
前進《ぜんしん》
寝転《ねころ》がる
ふてくされる
約束《やくそく》
徒《と》
信実《しんじつ》
欺《あざむ》く
許《ゆる》す
宿《やど》す
宝《たから》
ほうる
卑劣《ひれつ》
裏切《うらぎ》り者《もの》
違《ちが》う
夫婦《ふうふ》
みにくい
うとうと

ますます
あおり立《た》てる
照覧《しょうらん》
発揮《はっき》
相手《あいて》
腕《うで》
引《ひ》きずる
垂《た》れる
幹《みき》
荒《あら》い
突然《とつぜん》
放《はな》す
命令《めいれい》
折《お》り曲《ま》げる
気《き》の毒《どく》
残《のこ》る
一気《いっき》
午後《ごご》
幾度《いくど》
折《お》る
突破《とっぱ》
情《なさ》けない
しかる
かなう
疲労《ひろう》
根性《こんじょう》
破《やぶ》る
胸《むね》
血液《けつえき》
中途《ちゅうと》
信《しん》じる
無心《むしん》
囲《かこ》む
遅《おく》れる
憎《にく》む
地上《ちじょう》
独《ひと》りよがり
追《お》い出《だ》す
かって
まどろむ

激《はげ》しい
刻一刻《こくいっこく》
負《ま》ける
飛《と》びこむ
必死《ひっし》
こめる
かき分《わ》ける
押《お》し流《なが》す
すがりつく
呼吸《こきゅう》
山賊《さんぞく》
持《も》ち物《もの》
待《ま》ち伏《ぶ》せ
飛鳥《ひちょう》
正義《せいぎ》
者《もの》
駆《か》け降《お》りる
灼熱《しゃくねつ》
めまい
仰《あお》ぐ
真《しん》
希代《きだい》
全身《ぜんしん》
路傍《ろぼう》
精神《せいしん》
隅《すみ》
みじん
断《た》ち割《わ》る
根《ね》
倒《たお》れる
疑惑《ぎわく》
待《ま》つ
抜《ぬ》ける
耳打《みみう》つ
独《ひと》りがてん
最《もっと》も
悪徳者《あくとくしゃ》
人間世界《にんげんせかい》
やんぬるかな

연습문제 28

※ 다음 문장의 ○ 안에 ひらがな 1字씩 넣어 문장을 완성시키세요.

① メロスは ざんぶ○ 流れ○ 飛びこみ、百匹○ 大蛇○ よう○ のた打ち 荒れくるう 波○ 相手○ 必死○ 闘争○ 開始した。

② メロスは 押し流されつつ○、対岸○ 樹木○ 幹○ すがりつく こと○ できた。

③ 王○ 命令○ ここ○ わたし○ 待ち伏せして いたのだな。

④ メロスは 路傍○ 草原○ ごろり○ 寝転がった。

⑤ 勇者○ 不似合い○ ふてくされた 根性が 心○ 隅○ 巣くった。

⑥ ああ、できる こと○○ わたし○ 胸○ 断ち割って、真紅○ 心臓○ お目○ かけたい。

⑦ 中途○ 倒れる○は、初め○○ 何○ しない○○ 同じ ことだ。

⑧ 一度だって 暗い 疑惑○ 雲○、お互い 胸○ 宿した ことは なかった。

⑨ 友○ 友○ 間○ 信実は この 世○ いちばん 誇るべき 宝なのだ。

⑩ 今○ なって みる○、わたしは 王○ 言う まま○ なって いる。

연습문제 29

※ 보기 중에서 가장 적합한 것을 골라, 다음 문장의 ○○ 안에 넣으세요.

【보기; とか・だの・やら・なり】

① これから ごいっしょに 暮らすんですから、私、川崎さんの ために、ボタンを つけて あげる○○、洗濯を して あげる○○、ちょっと した サーヴィスは して あげる。

② 私は、悲しい○○、怖い○○、うれしい○○、恥ずかしい○○、胸が いっぱいに なり、わからなく なって しまいました。

③ 正義○○、信実○○、愛○○、考えて みれば、くだらない。人を 殺して 自分が 生きる。それが 人間世界の 定法では なかったか。

④ お小遣いは 交通費○○ 食事代○○で なくなって しまう。

⑤ 鉛筆○○ ボールペン○○を お使い下さい。

⑥ ひまな 時には、テニスを する○○ ゴルフを する○○、なるべく 運動を するように 心がけて います。

⑦ 手紙○○ 電話○○で お知らせします。

⑧ 行く○○ 行かない○○ 早く 決めて 下さい。

⑨ あの 人は いつも 腰が 痛い○○、肩が こる○○と 体の 不調を 訴えて いる。

⑩ メロスには 父も、母も ない。女房も ない。十六の、内気な 妹と 二人暮らしだ。この 妹は、村の ある 律儀な 一牧人を、近々、花婿と して 迎える ことに なって いた。結婚式も ま近なので ある。メロスは、それゆえ、花婿の 衣装○○ 祝賀の ごちそう○○を 買いに、はるばる 市に やって 来たのだ。

문형연습 21

※ 다음과 같은 문형의 문장을 만들어 보세요.

1。~しつつも、~する ことが できた。

押し流されつつも、みごと、対岸の 樹木の 幹に、すがりつく ことが できた。

①

②

③

2。~しない うちに ~しなければ ならない。

わたしは 日の 沈まぬ うちに 王城へ 行かなければ ならぬ。

①

②

③

3。～に なって みると、～ままに なって いる。

今に なって みると、わたしは 王の 言う ままに なって いる。

①

②

③

4。～だの、～だの 考えて みれば くだらない。

正義だの、信実だの、愛だの、考えて みれば、くだらない。

①

②

③

본문의 내용 확인 21

※ 본문의 내용에 의거하여 다음 질문에 대해 일본어로 답하세요.

① メロスは 海の ように なって いる 濁流の 川を どの ように して 渡りましたか。

→

② メロスが やっつけた 山賊は 何人ですか。

→

③ メロスは 何が この 世で 一番 誇るべき 宝だと 言って いますか。

→

7。

ふと 耳に、潺々(せんせん)、水の 流れる 音が 聞こえた。そっと 頭を もたげ、息を のんで 耳を 澄ました。すぐ 足下で、水が 流れて いる らしい。よろよろ起き上がって、見ると、岩の 裂け目から 滾々(こんこん)と、何か 小さく ささやきながら 清水が わき出て いるのである。その 泉に 吸いこまれる ように メロスは 身を かがめた。水を 両手で すくって、ひと口 飲んだ。ほうと 長い ため息が 出て、夢から 覚めた ような 気が した。歩ける。行こう。肉体の 疲労回復と ともに、わずかながら 希望が 生まれた。義務遂行の 希望で ある。わが身を殺して、名誉を 守る 希望で ある。斜陽は 赤い 光を、木々の 葉に 投じ、葉も枝も 燃える ばかりに 輝いて いる。日没までには、まだ 間が ある。わたしを、待って いる 人が あるのだ。少しも 疑わず、静かに 期待して くれて いる 人があるのだ。わたしは、信じられて いる。わたしの 命なぞは、問題では ない。死んで おわび、などと 気の いい ことは 言って おられぬ。わたしは、信頼に 報いなければ ならぬ。今は ただ その 一事だ。走れ！ メロス。

わたしは 信頼されて いる。わたしは 信頼されて いる。先刻の、あの 悪魔の ささやきは、あれは 夢だ。悪い 夢だ。忘れて しまえ。五臓が 疲れて いる 時は、ふいと あんな 悪い 夢を 見る ものだ。メロス、おまえの 恥では ない。やはり、おまえは 真の 勇者だ。再び 立って 走れる ように なったでは ないか。ありがたい！ わたしは、正義の 士と して 死ぬ ことが できるぞ。ああ、日が 沈む。ずんずん 沈む。待って くれ、ゼウスよ。わたしは 生まれた 時から 正直な男で あった。正直な 男の ままに して 死なせて ください。

道 行く 人を 押しのけ、はね飛ばし、メロスは 黒い 風の ように 走った。野原で 酒宴の、その 宴席の 真っただ中を 駆け抜け、酒宴の 人たちを 仰天させ、犬を け飛ばし、小川を 飛び越え、少しずつ 沈んで ゆく 太陽の、十倍も 速く走った。一団の 旅人と さっと すれ違った 瞬間、不吉な 会話を 小耳に 挟んだ。

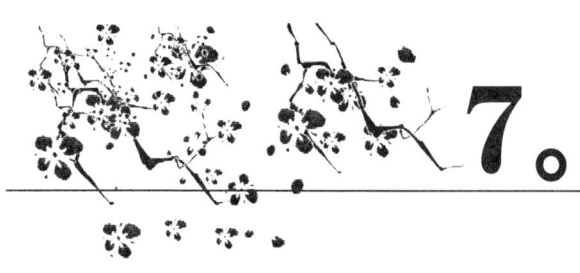

「今ごろは、あの 男も、はりつけに かかって いるよ。」ああ、その 男、その 男の ために わたしは、今 こんなに 走って いるのだ。その 男を 死なせては ならない。急げ、メロス。遅れては ならぬ。愛と 誠の 力を、今こそ 知らせて やるが よい。風態(ふうてい)なんかは、どうでも いい。メロスは、今は、ほとんど 全裸体で あった。呼吸も できず、二度、三度、口から 血が ふき出た。見える。はるか 向こうに 小さく、シラクスの 市(まち)の 塔楼が 見える。

塔楼は、夕日を 受けて きらきら 光って いる。

「ああ、メロス様。」うめく ような 声が、風と ともに 聞こえた。

「だれだ。」メロスは 走りながら 尋ねた。

「フィロストラトスで ございます。あなたの お友達 セリヌンティウス様の 弟子で ございます。」その 若い 石工も、メロスの 後に ついて 走りながら 叫んだ。「もう、だめで ございます。むだで ございます。走るのは、やめて ください。もう、あの かたを お助けに なる ことは できません。」

「いや、まだ、日は 沈まぬ。」

「ちょうど 今、あの かたが 死刑に なる ところです。ああ、あなたは 遅かった。お恨み 申します。ほんの 少し、もう ちょっとでも、早かったなら!」

「いや、まだ 日は 沈まぬ。」メロスは 胸の 張り裂ける 思いで、赤く 大きい 夕日ばかりを 見つめて いた。走るより ほかは ない。

「やめて ください。走るのは、やめて ください。今は ご自分の お命が だいじです。あの かたは、あなたを 信じて おりました。刑場に 引き出されても、平気でいました。王様が、さんざん あの かたを からかっても、メロスは 来ます、とだけ 答え、強い 信念を 持ち続けて いる 様子で ございました。」

「それだから、走るのだ。信じられて いるから 走るのだ。まにあう、まにあわぬは 問題で ないのだ。人の 命も 問題で ないのだ。わたしは、なんだか、もっとおそろしく 大きい ものの ために 走って いるのだ。ついて 来い! フィロストラトス。」

「ああ、あなたは 気が くるったか。それでは、うんと 走るが いい。ひょっとしたら、まにあわぬ ものでも ない。走るが いい。」

어휘 및 漢字《かんじ》

ふと	そっと	もたげる	澄《す》ます	足下《あしもと》
よろよろ	起《お》き上《あ》がる	岩《いわ》	裂《さ》け目《め》	ささやく
清水《しみず》	わき出《で》る	泉《いずみ》	吸《す》いこむ	かがめる
両手《りょうて》	すくう	ため息《いき》	夢《ゆめ》	覚《さ》める
疲労回復《ひろうかいふく》	～ともに	わずか	希望《きぼう》	義務遂行《ぎむすいこう》
名誉《めいよ》	斜陽《しゃよう》	光《ひかり》	木々《きぎ》	葉《は》
投《とう》じる	枝《えだ》	燃《も》える	輝《かがや》く	日没《にちぼつ》
間《ま》	疑《うたが》う	静《しず》か	期待《きたい》	命《いのち》
問題《もんだい》	わびる	信頼《しんらい》	報《むく》いる	一事《いちじ》
先刻《せんこく》	悪魔《あくま》	ささやく	夢《ゆめ》	忘《わす》れる
五臓《ごぞう》	疲《つか》れる	恥《はじ》	真《しん》	勇者《ゆうしゃ》
再《ふたた》び	正義《せいぎ》	士《し》	沈《しず》む	正直《しょうじき》
押《お》しのける	はね飛《と》ばす	野原《のはら》	酒宴《しゅえん》	宴席《えんせき》
駆《か》け抜《ぬ》ける	仰天《ぎょうてん》	け飛《と》ばす	小川《おがわ》	飛《と》び越《こ》える
沈《しず》む	一団《いちだん》	旅人《たびびと》	すれ違《ちが》う	瞬間《しゅんかん》
不吉《ふきつ》	会話《かいわ》	小耳《こみみ》	挟《はさ》む	全裸体《ぜんらたい》
呼吸《こきゅう》	血《ち》	ふき出《で》る	搭楼《とうろう》	夕日《ゆうひ》
受《う》ける	きらきら	光《ひか》る	尋《たず》ねる	弟子《でし》
叫《さけ》ぶ	だめ	むだ	やめる	助《たす》ける
死刑《しけい》	遅《おそ》い	恨《うら》む	申《もう》す	胸《むね》
張《は》り裂《さ》ける	刑場《けいじょう》	引《ひ》き出《だ》す	平気《へいき》	さんざん
からかう	信念《しんねん》	様子《ようす》	まにあう	問題《もんだい》
くるう	うんと			

연습문제 30

※ 다음 문장의 ○ 안에 **ひらがな** 1字씩 넣어 문장을 완성시키세요.

① ふと 耳○ 水○ 流れる 音○ 聞こえた。

② 見る○、岩○ 裂け目○○ こんこん○、何○ 小さく ささやき○○○ 清水○ わき出て いる。

③ その 泉○ 吸いこまれる よう○ メロスは 身○ かがめた。

④ メロスは 水○ 両手○ すくって ひと口 飲んだ。

⑤ ほう○ 長い ため息○ 出て、夢○○ 覚めた よう○ 気○ した。

⑥ 斜陽は 赤い 光○ 木々○ 葉○ 投じ、葉も 枝も 燃える ばかり○ 輝いて いる。

⑦ 正直○ 男○ まま○ して 死なせて ください。

⑧ 一団○ 旅人○ すれ違った 瞬間、不吉○ 会話○ 小耳○ 挟んだ。

⑨ うめく よう○ 声○ 風○ とも○ 聞こえた。

⑩ メロスは 胸○ 張り裂ける 思い○、赤く 大きい 夕日ばかり○ 見つめて いた。

문형연습 22

※ 다음과 같은 문형의 문장을 만들어 보세요.

1。～は(が) ～する(して いる) らしい。

水が 流れて いる らしい。

①

②

③

2。～させて ください。

正直な 男の ままに して 死なせて ください。

①

②

③

3。～が(は) ～しても ～は(が) ～する。

王様が からかっても、メロスは 来ます。

①

②

③

본문의 내용 확인 22

※ 본문의 내용에 의거하여 다음 질문에 대해 일본어로 답하세요.

① まどろんで いた メロスに 聞えたのは 何ですか。

→

② 清水が わきでて いたのは どこですか。

→

③ メロスは 沈んで ゆく 太陽より どの くらい 速く 走りましたか。

→

④ フィロストラトスとは だれですか。

→

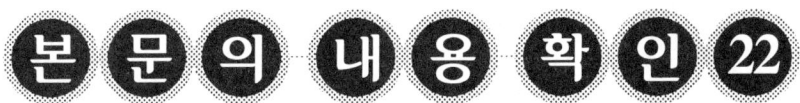

7。

言うにや 及ぶ。まだ 日は 沈まぬ。最後の 死力を 尽くして、メロスは 走った。メロスの 頭は、空っぽだ。何一つ 考えて いない。ただ、わけの わからぬ 大きな 力に 引きずられて 走った。日は、ゆらゆら 地平線に 没し、まさに 最後の 一片の 残光も、消えようと した 時、メロスは 疾風の ごとく 刑場に 突入した。まにあった。

「待て。その 人を 殺しては ならぬ。メロスが 帰って 来た。約束の とおり、今、帰って 来た。」と 大声で 刑場の 群衆に 向かって 叫んだ つもりで あったが、のどが つぶれて しわがれた 声が かすかに 出た ばかり、群衆は、一人として 彼の 到着に 気が つかない。すでに はりつけの 柱が 高々と 立てられ、縄を 打たれた セリヌンティウスは、徐々に つり上げられて ゆく。メロスは それを 目撃して 最後の 勇、先刻、濁流を 泳いだ ように 群衆を かき分け、かき分け

「わたしだ、刑吏！ 殺されるのは、わたしだ。メロスだ。彼を 人質に した わたしは、ここに いる！」と、かすれた 声で 精いっぱいに 叫びながら、ついに はりつけ台に 上り、つり上げられて ゆく 友の 両足に、かじりついた。群衆は、どよめいた。あっぱれ。許せ、と 口々に わめいた。セリヌンティウスの 縄は、ほどかれたので ある。

「セリヌンティウス。」メロスは 目に 涙を 浮かべて 言った。「わたしを 殴れ。力いっぱいに ほおを 殴れ。わたしは、途中で 一度、悪い 夢を 見た。きみが もし わたしを 殴って くれなかったら、わたしは きみと 抱擁する 資格さえ ないのだ。殴れ。」

セリヌンティウスは、すべてを 察した 様子で うなずき、刑場いっぱいに 鳴り響く ほど 音高く メロスの 右ほおを 殴った。殴ってから 優しく ほほえみ、

「メロス、わたしを 殴れ。同じくらい 音高く わたしの ほおを 殴れ。わたしは

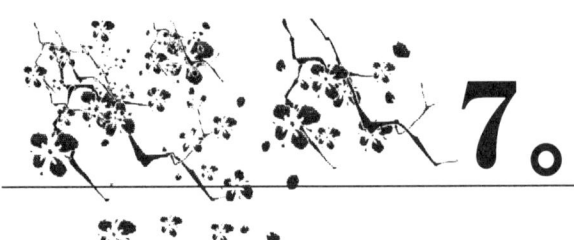

この 三日の 間、たった 一度だけ、ちらと きみを 疑った。生まれて、初めて きみを 疑った。きみが わたしを 殴って くれなければ、わたしは きみと 抱擁できない。」

メロスは 腕に うなりを つけて セリヌンティウスの ほおを 殴った。

「ありがとう、友よ。」二人 同時に 言い、ひしと 抱き合い、それから うれし泣きに おいおい 声を 放って 泣いた。

群衆の 中からも、歔欷の 声が 聞こえた。暴君ディオニスは、群衆の 背後から 二人の さまを、まじまじと 見つめて いたが、やがて 静かに 二人に 近づき、顔を 赤らめて、こう 言った。

「おまえらの 望みは かなったぞ。おまえらは、わしの 心に 勝ったのだ。信実とは、決して 空虚な 妄想では なかった。どうか、わしをも 仲間に 入れて くれまいか。どうか、わしの 願いを 聞き入れて、おまえらの 仲間の 一人に して ほしい。」

どっと 群衆の 間に、歓声が 起こった。

「万歳、王様 万歳。」

一人の 少女が、緋の マントを メロスに ささげた。メロスは、まごついた。よき友は、気を きかせて 教えて やった。

「メロス、きみは、真っ裸じゃ ないか。早く その マントを 着るが いい。このかわいい 娘さんは、メロスの 裸体を、みなに 見られるのが、たまらなく 悔しいのだ。」

勇者は、ひどく 赤面した。

太宰 治の『走れメロス』より

어휘 및 漢字《かんじ》

及《およ》ぶ	最後《さいご》	死力《しりょく》	尽《つ》くす	空《から》っぽ
引《ひ》きずる	地平線《ちへいせん》	没《ぼっ》する	最後《さいご》	一片《いっぺん》
残光《ざんこう》	消《き》える	疾風《しっぷう》	刑場《けいじょう》	突入《とつにゅう》
まにあう	約束《やくそく》	大声《おおごえ》	群衆《ぐんしゅう》	向《む》かう
叫《さけ》ぶ	のど	つぶれる	しわがれる	かすか
到着《とうちゃく》	柱《はしら》	高々《たかだか》	縄《なわ》	打《う》つ
徐々《じょじょ》に	つり上《あ》げる	目撃《もくげき》	勇《いさみ》	先刻《せんこく》
濁流《だくりゅう》	かき分《わ》ける	刑吏《けいり》	人質《ひとじち》	かすれる
ついに	はりつけ台《だい》	両足《りょうあし》	かじりつく	どよめく
あっぱれ	許《ゆる》す	口々《くちぐち》	わめく	ほどく
涙《なみだ》	浮《うか》べる	殴《なぐ》る	ほお	途中《とちゅう》
抱擁《ほうよう》	資格《しかく》	察《さっ》する	様子《ようす》	うなずく
鳴《な》り響《ひび》く	優《やさ》しい	ほほえむ	疑《うたが》う	腕《うで》
うなり	同時《どうじ》	抱《だ》き合《あ》う	放《はな》つ	泣《な》く
歔欷《きょき》	暴君《ぼうくん》	背後《はいご》	赤《あか》らめる	望《のぞ》む
かなう	わし	勝《か》つ	信実《しんじつ》	空虚《くうきょ》
妄想《もうそう》	仲間《なかま》	願《ねが》う	聞《き》き入《い》れる	歓声《かんせい》
万歳《ばんざい》	緋《ひ》	マント	ささげる	まごつく
裸体《らたい》	みな	たまらない	悔《くや》しい	勇者《ゆうしゃ》
赤面《せきめん》				

연습문제 31

※ 다음 문장의 ○ 안에 ひらがな 1字씩 넣어 문장을 완성시키세요.

① 最後○ 死力○ 尽くして、メロスは 走った。

② メロスは わけ○ わから○ 大き○ 力○ 引きずられて 走った。

③ メロスは 疾風○ ごとく 刑場○ 突入した。

④ メロスは 大声○ 刑場○ 群衆○ 向かって 叫んだ。

⑤ セリヌンティウスは すべて○ 察した 様子○ うなずいた。

⑥ メロスは 腕○ うなり○ つけて セリヌンティウス○ ほお○ 殴った。

⑦ 暴君ディオニスは 静か○ 二人○ 近づき、顔○ 赤らめて 言った。

⑧ おまえらは わし○ 心○ 勝った。

⑨ 信実○は 決して 空虚○ 妄想では なかった。

⑩ わし○ 願い○ 聞き入れて、おまえら○ 仲間○ 一人○ して ほしい。

문형연습 23

※ 다음과 같은 문형의 문장을 만들어 보세요.

1。~は ~の ごとく ~した。

メロスは 疾風の ごとく 刑場に 突入した。

①
②
③

2。~は ~の とおり ~した。

メロスは 約束の とおり、今、帰って 来た。

①
②
③

3。~は ~に 気が つかない。

群衆は 一人と して 彼の 到着に 気が つかない。

①
②
③

본문의 내용 확인 23

※ 본문의 내용에 의거하여 다음 질문에 대해 일본어로 답하세요.

① メロスは 途中で 何回 悪い 夢を 見ましたか。

→

② 友は 三日間の 何回 メロスを 疑いましたか。

→

③ 一人の 少女が メロスに ささげたのは 何ですか。

→

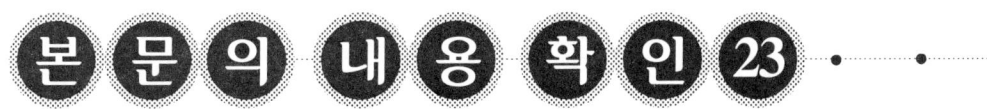

해답편

【연습문제 1】

① を ② に

③ に

【본문의 내용 확인 1】

① 葉あいに そよぐ 風 ② 生きとし 生ける もの

③ 自分に 与えられた 道

【연습문제 2】

① だから・の・を ② の・に・で

③ で・の ④ ので/から・の・に・て

⑤ に

【본문의 내용 확인 2】

① 柿を ぬすむ こと ② ぼうで 柿を たたきおとしました

③ どぶの 中 ④ 捨てる ように

【연습문제 3】

① の・で・を・の・で・に ② には・を・の・が

③ の・を・の・を ④ で

⑤ の・では・を・に・を ⑥ の・の・に・に

⑦ で・ながら ⑧ を・に

⑨ な・で ⑩ を・に・に

【연습문제 4】

① ×
② C
③ B
④ D
⑤ A
⑥ ×
⑦ A
⑧ D
⑨ B
⑩ C

【본문의 내용 확인 3】

① 地球
② 熱線で 焼きはらった ことと 気ちがいガスを 吸わせた こと
③ 皮膚を とかす こと
④ 一人 つかまえて 皮を はいで きた
⑤ それは 皮では なく、服だから

【연습문제 5】

① に・に・に・の
② を・と・の・と
③ と・の・を・の・を
④ の・で・の・の・を
⑤ に・へ・の・に・と・を
⑥ の・な・が
⑦ と・へ
⑧ ながら・の・に・を
⑨ の・を・の・の・と・の・に
⑩ と・で

【연습문제 6】

① さんじ・よじ
② ついたち・みっか・いつか
③ いっぽん・さんぼん・よんほん
④ ひとり・ふたり・よにん
⑤ ふたつ・よっつ
⑥ さんびゃく・よんひゃく
⑦ さんぷん・よんぷん
⑧ いっぴき・さんびき・よんひき
⑨ げつようび・すいようび・きんようび
⑩ さむい

【본문의 내용 확인 4】

① 大晦日(おおみそか)　② 12月 31日

③ 暖簾を 下げようと した 時　④ 玉そば 一つ半を ゆでました

⑤ 一人前

【연습문제 7】

① を・で・を　② に・を・と

③ の・には・から・の・が・の・で　④ と・で・に・と

⑤ で・も・に・を・を　⑥ や・を・で・が

⑦ と・に・に・が　⑧ に・を

⑨ の・と・で　⑩ の・に・の・の・を・に・に・を

【연습문제 8】

① ぐらい　② ぐらい

③ ごろ　④ ごろ

⑤ ぐらい　⑥ ぐらい

⑦ ぐらい　⑧ ぐらい

⑨ ごろ　⑩ ごろ

【본문의 내용 확인 5】

① 二百円　② 玉そば 三個を 湯の 中に 入れた

③ 買い物や 夕飯の したく　④ 特別手当

⑤ 淳の 作品が 北海道の 代表に 選ばれた こと

【연습문제 9】

① では・の・の・の・に・に　② の・で・を・に

③ と・の・を・の・か・の・かも・で・と　④ として・から・へ

⑤ と・の・へ・に ⑥ を・に・を・の
⑦ に・の・を・を ⑧ の・に
⑨ の・に・の・として ⑩ の・より/から・の・で・に

【본문의 내용 확인 6】

① 二番テーブル ② 店内改装
③ (年越し)そば ④ 滋賀県
⑤ 淳君 → 銀行員、兄さん → 医者

【연습문제 10】

① の・に・の・に・に ② に・に・と・の
③ に・の・に・に ④ の・で・の・には
⑤ を・まで・へ・に・が ⑥ と・に
⑦ と・と・と・が・に ⑧ を・で・に
⑨ と・の・の・から ⑩ と・に

【연습문제 11】

① まで ② までに
③ までに ④ まで
⑤ までに ⑥ まで
⑦ まで ⑧ までに
⑨ まで ⑩ までに

【본문의 내용 확인 7】

① 三十五年前 ② 十一才
③ (校長)先生 ④ 十八
⑤ 腎臓結核

【연습문제 12】

① な・の・の
② の・で・の・を・に・の・の
③ の・で・で・の
④ か・な・の・の・な・が
⑤ の・の・が・のを・で
⑥ の・に
⑦ の・の・に・の・の・で
⑧ の・には・の
⑨ の・には・の/な・の・の・が
⑩ から・の・を・と・を・を

【본문의 내용 확인 8】

① 軍艦の 大砲の 音
② 妹の こと
③ 一束の 手紙
④ 妹の 友達の 名前

【연습문제 13】

① に・で・には
② の・の・の・の・を
③ を
④ に
⑤ な・の・で
⑥ の・を・から
⑦ で・から・を
⑧ に・を
⑨ に・の/な・に・と・を
⑩ に・に・の・で・を・に

【연습문제 14】

① どっち
② どんな
③ どう
④ どの
⑤ どれ

【본문의 내용 확인 9】

① 一通 残らず 焼いた
② 妹の 病気を 知ったので
③ 城下町
④ 歌人

【연습문제 15】

① の・に・を・に・の・を
② な・を
③ には・の・へ・を・と
④ な・な・まで
⑤ に・な・に
⑥ の・で・を
⑦ から・の・から・で・を・に
⑧ に・の・と・に
⑨ の・に・の・を
⑩ の・の・から・な・に・を

【연습문제 16】

① もらい
② くれ
③ もらい
④ くれ
⑤ あげ
⑥ もらい
⑦ やり
⑧ ください
⑨ いただき
⑩ くれ
⑪ もらい

【본문의 내용 확인 10】

① 姉
② 妹の 苦しみを 見かねて
③ 妹
④ 十五年

【연습문제 17】

① を・に・に・な・に・と・に・と・に・は・な
② を・で・の・の・を
③ の・と・の・に・の/が・を
④ の・に・の・を・の・を・の・から・に・を
⑤ を・の・の・で・を
⑥ の・で・の・の・から・に・を・の・の・で
⑦ の・が・の・を・と・の・の・と・に・を・の・の・を
⑧ では・を・に・を・と・を
⑨ の・を・と・の・に・の・に・な
⑩ の/が・な・が

【본문의 내용 확인 11】

① 五人・四人　　② 山林からの 収入と 手間賃

③ 娘たちの 婿探し　　④ 家の 下宿人

【연습문제 18】

① と・の/が・と・を・を

② の・に・で・な・で・を・な・を・が

③ の・には・を・を・に・と・に・と

④ に・の・には・な・に・の　　⑤ で・を・と・に・を・に・は

⑥ と・の・の・な・で・も・に・が

⑦ と・とも・から・を・の・が・を

⑧ の・の・の・と・で・に・と・の・と・と・に

⑨ の・と・の・を・な　　⑩ な・の・で・に・な・が

【본문의 내용 확인 12】

① 忍耐心が 強いと いう こと　　② 二才

③ 四十四

④ 女ばかりでは まさかの 時に 不用心だから

【연습문제 19】

① から・と・に・の

② を・の・し・に・では・から・の・を・に・に

③ で　　④ とも・に・かの・に・と・を・から

⑤ に・を・に・を・が・か・で・に・を

⑥ で・の・に・を　　⑦ で/の・を・に・に/へ

⑧ の・の・には・の・の・に　　⑨ を・に・の・に

⑩ の・か・で・に・には・と

【본문의 내용 확인 13】

① 洋裁学校　② 岡山

③ 婿の 候補者だと 思ったので　④ 自分に ほれては いけない こと

【연습문제 20】

① に・に・を・を　② の・を・で・の・を・が・と

③ の・で・の・に・に

④ も・も・も・も・も・も・も・で・に・に・を

⑤ に・に　⑥ に・の・の・を

⑦ な・の・の・な・に　⑧ の・に・に・に・に・を

⑨ の・の・な・で・と

⑩ を・に・の・や・の・の・と・で・な・から・と・を・に・から

【연습문제 21】

① しか　② でも

③ だけ・だけ　④ さえ

⑤ でも　⑥ こそ

⑦ さえ　⑧ こそ

⑨ だけ　⑩ でも

【본문의 내용 확인 14】

① 学生を 下宿させて 娘に 世話を させる こと

② 自分の 感情を 抑制する こと

③ 婦人科

④ 天使や 女神の ように すばらしく 思われる 婦人でも、動物の メスと しての、素朴で 原始的な 生理から 脱却できないで いるのだと いう ことを、しょっちゅう 自分に 確かめさせて おきたかったから

【연습문제 22】

① に・を・で・の・に　② で・が・に・の・を

③ の・の・を・を・で・が・へ　④ に

⑤ の・の・に・が・の・に・から・を・と

⑥ の・に・と・と・が・を　⑦ を・に

⑧ に・を・に　⑨ の・で・に・の

⑩ で・の・を・から・の・に

【본문의 내용 확인 15】

① 縫い物を ひろげて いた

② だいぶ 話しこんで おいでの ようだったので

③ 炬燵の 中で センチに なる こと

④ ああと 嘆息を つく こと

【연습문제 23】

① の/が・な・に　② に・と・を

③ も・と・も・を・に・の・を・と・に

④ に・から・の・を・の・に　⑤ に・を・に・に・と・な・で

⑥ と・な・で・の・を・の　⑦ に・も・に・と・を

⑧ で・に・と・か・で・を・な・が・が

⑨ の・の・に・から・に・と　⑩ に・な・に・に

【본문의 내용 확인 16】

① 久しぶりで スキーを やったから　② 三ヶ月

③ 仏様の 掌　④ 卵酒

【연습문제 24】

① の・を・と ② を・と
③ に・に・で ④ を・を・の・に
⑤ な・と ⑥ の・の・を・に・に
⑦ な・に ⑧ で・の・を・を
⑨ を・が・と・の ⑩ の・も・に・な・を・に・を

【본문의 내용 확인 17】

① 牧人(羊飼い) ② 花嫁の 衣装や 祝宴の ごちそう
③ セリヌンティウス ④ 人を 信ずる ことが できないから

【연습문제 25】

① を・で・に ② の・に
③ で・を・で ④ に・の・が
⑤ の・に ⑥ では・な・でも
⑦ に・を・なら・に・の・を ⑧ の・に・で・を・へ/に
⑨ を・と・に ⑩ を・な・で

【본문의 내용 확인 18】

① 短剣(短刀) ② 人の 心を 疑う こと
③ 一人の 妹に 亭主を 持たせる ために
④ 二年ぶり

【연습문제 26】

① の・を・に ② の・の・の・に・の・を
③ に・を ④ に・と
⑤ と・へ・の・を・の・を・に・の・に

⑥ に・を・に・と ⑦ に・か・な・を

⑧ に・に・の・を・に ⑨ に・に・を

⑩ の・の・な・を・と・を

【본문의 내용 확인 19】

① 十六

② まだ 何の 支度も できて いないので、ぶどうの 季節まで 待って くれと

③ 人を 疑う ことと うそを つく こと

④ 妹と 羊

【연습문제 27】

① が・の・の・で ② の・を・に・の

③ の・を・に・の ④ と・を・ながら

⑤ の・を・で ⑥ の・を・な・を・で

⑦ の・で・の ⑧ と・に

⑨ を・に ⑩ に・ながら・に・を

【본문의 내용 확인 20】

① 明くる 日の 薄明の ころ

② 殺される ために・身代わりの 友を 救う ために・王の 奸佞邪知を 打ち破る ために

③ ゼウス

【연습문제 28】

① と・に・の・の・に・を・に・の/で・を

② も・の・の・に・が ③ の・で・で・を

④ の・に・と ⑤ に・な・の・に

⑥ なら・の・を・の・を・に
⑦ で・の・から・も・のと
⑧ の・を・に
⑨ と・の・の・で
⑩ に・と・の・に

【연습문제 29】

① とか
② やら
③ だの
④ とか
⑤ なり
⑥ とか
⑦ なり
⑧ なり
⑨ だの
⑩ やら

【본문의 내용 확인 21】

① 泳いで
② 三人
③ 友と 友の 間の 信実

【연습문제 30】

① に・の/が・が
② と・の・から・と・か・ながら・が
③ に・に・を
④ を・で
⑤ と・が・から・な・が
⑥ を・の・に・に
⑦ な・の・に
⑧ の・と・な・を・に
⑨ な・が・と・に
⑩ の・で・を

【본문의 내용 확인 22】

① 水の 流れる 音
② 岩の 裂け目
③ 十倍
④ メロスの 友達の 弟子

【연습문제 31】

① の・を
② の・ぬ・な/い・に
③ の・に
④ で・の・に
⑤ を・で
⑥ に・を・の・を
⑦ に・に・を
⑧ の・に
⑨ と・な
⑩ の・を・の・の・に

【본문의 내용 확인 23】

① 一回
② 一回
③ 緋の マント

저자 전성용

● 약 력
- 동경외국어대학 일본어학과 졸업
- 동경학예대학 대학원 졸업(교육학 석사)
- 대동문화대학에서 일본문학박사학위 취득
- 현재 청주대학교 일어일문학과 조교수

● 저 서

일본어회화 입문
일본어의 발음과 악센트
현대 일본어 문법
일어학 개론
일본어한자 드릴(초급)
일본어한자 드릴(중급)
일본어한자 드릴(상급)
現代 日本語 動詞 中止形의 構文論的인 研究
일본어 작문

작품으로 공부하는 일본어강독

초판1쇄 인쇄 · 2005년 2월 12일 | 초판1쇄 발행 · 2005년 2월 18일
지은이 · 전성용
발행처 · (주) J&C | 등록번호 · 제7-270
인 쇄 · 명일인쇄
주 소 · 서울시 도봉구 쌍문동 358-4 성주B/D 6F
전 화 · (02) 992-3253 | 팩 스 · (02) 991-1285

E-mail jncbook@hanmail.net | http://www.jncbook.co.kr | 한글인터넷주소://제이앤씨북

ISBN 89-5668-163-5 03730 정가 9,000원